죽음 카탈로그

THE
CATALOGUE OF
DEATH

요리후지 분페이
BUNPEI YORIFUJI

P 필로소픽

이참에 죽음에 대해
INTRODUCTION

혹시 우리 부모님은 외계인이 아닐까.

초등학생 때에는 진심으로 그렇게 의심했다.
내가 볼 때는 인간의 모습이지만 고개를 돌린 순간 외계인이 된다고.
갑자기 홱 돌아봤을 때 아빠와 엄마가 외계인인 채로 있으면 어쩌나.
그런 생각에 겁이 나서 아빠나 엄마를 보기 전에 일부러 "저기 있잖아" 하고 먼저 한마디 해둔 다음 쳐다봤다.

"머리가 조금 이상한 거 아냐?"

가장 친한 친구마저 차가운 눈초리로 바라보았다.
시험 삼아 아무 말도 하지 않고 가능한 빠른 속도로 홱 돌아보았다.
물론 아빠와 엄마는 인간이었다. 갑자기 방문을 벌컥 열어보았다. 역시 인간이었다.
그러나 완전히 인정할 수 없었다. 외계인은 우리가 상상하는 이상으로 행동이 빠르고 사람의 마음을 읽을지 모른다. 의심은 커져만 갔다.

죽음에 대해서 생각할 때 왠지 그때의 기분이 든다.

사람이 죽는 순간을 본 적은 없다. 부모님은 건강하고,

사람의 사체는 할아버지와 할머니가 돌아가셨을 때 본 게 전부다.

나 역시 어렸을 때나 지금이나 건강한 편이다. 사고나 질병으로 병원에 입원한 적이 없으니.

나는 죽음을 모른다.

그러나 지인의 장례식이랄까, 싸늘하게 식어버린 햄스터의 촉감이랄까,

막연하지만 '죽음은 이런 거구나' 하는 나름의 생각은 갖고 있다.

하지만 그런 생각을 "그래, 그거야" 하며 친구와 수다를 떨고 싶지는 않았다.

그렇다 보니 죽음에 대한 생각을 제대로 정리하지 못한 채 어른이 되어버렸다.

그래서 지금도 나에게 죽음은 비현실적인 일이다.

죽음이란 무얼까. 그걸 생각하려고 하면 부모님을 외계인으로 의심하던

그때로 돌아간 느낌이 든다.

잽싸게 돌아보고, 벌컥 문을 열어보고, 우주선을 찾아보던.

이 책은 그런 내가 죽음에 대해 조금이라도 알고 싶어서 만들었다.

애초부터 답은 없을지도 모른다. 하지만 누군가 죽음에 대해 생각할 때

이 책의 글과 그림이 작은 힌트가 되었으면 좋겠다.

CONTENTS

001
이참에 죽음에 대해
INTRODUCTION

008
죽음의 입구에서
THE GATE OF DEATH

020
죽음은 어떤 모습일까
THE FIGURE OF DEATH

056
죽음은 언제 찾아올까
THE TIMING OF DEATH

070
죽음은 어디서 마주하게 될까
THE PLACE OF DEATH

086
사람들은 어떻게 죽을까
THE CAUSE OF DEATH

102
죽음에는 어떤 이야기들이 있을까
THE LEGEND OF DEATH

138
다시 삶으로
THE WILL OF DEATH

죽음의 입구에서
THE GATE OF DEATH

"그만둬!"

어머니에게 죽음에 관한 책을 쓴다고 하자 심각한 반응을 보였다.

어머니는 보건소에서 노인들을 돌보는 일을 한다.

아마 내 주위에서는 어머니가 사람의 죽음을 가장 많이 지켜보았을 것이다.

그래서 당연히 이해해줄 거라 믿었는데 입구에서 차단당하고 말았다.

게다가 머리는 괜찮냐, 고민이라도 있는 거냐, 일에 문제는 없냐, 하고 걱정스러운 표정으로 물었다.

죽음이 그렇게 금기시할 대상일까?

친구들도 "당연하지"라며 의외라 할 만큼 냉랭했다.

어째서 모두 그렇게 생각할까.

TV에서도 '죽음을 생각하는 것은 중요하다'고 했는데.

나는 도리어 '죽음'에 도전하고 싶어졌다.

그래서 살짝 흥분해 죽음에 대해 생각하기로 했다.

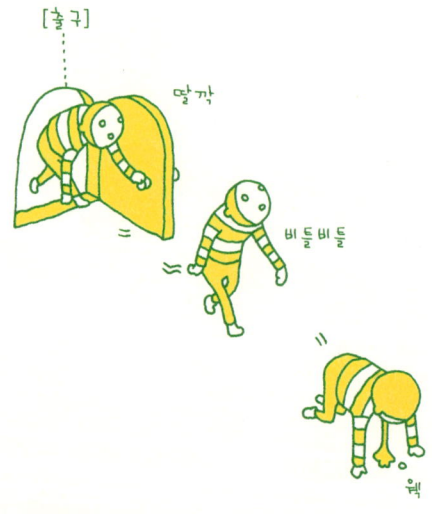

일주일도 지나지 않아 만사가 시들해졌다.

텔레비전의 개그 프로도 무의미하게 느껴져 웃지 않게 되었고,

정말 좋아하던 「다이하드」를 보면서도 사람이 총에 맞고 쓰러질 때마다 죽음을 떠올리게 되었다.

일을 해도 '이 일이 무슨 의미가 있을까' 회의가 들었다.

혹시 노이로제 아닐까?

예전에도 몇 번인가 죽음에 대해 생각해본 적이 있었다.

그러고 보니 그때마다 죽음의 세계에 녹다운 당했다.

죽음은 많은 일과 사건, 사고방식의 거대한 교차점이다.

모든 것이 죽음으로 이어져서 간단히 정리할 수 없었다.

가까운 데서부터 시작하자.

죽음을 내 방식대로 생각하기 위해서 먼저 죽음을 정리해보았다.

죽음에 관한 여러 자료들을 객관적으로 나열하는 데서부터 시작했다.

죽음은 어떤 모습일까
THE FIGURE OF DEATH

죽음과 관련해 가장 오랜 추억은 유치원 때로 거슬러 올라간다.

그런대로 친하게 지냈던 히로타케가 어느 날부터인가 유치원에 나오지 않더니 반년이 지나도록 얼굴을 볼 수 없었다. 하루는 선생님이 이렇게 말했다.

"히로타케는 아주 먼 곳으로 갔단다."

어렸을 때는 보통 '죽는다'는 것을 먼 곳으로 떠나거나 별이 되는 것이라 여겼고 때에 따라서는 다른 동네로 이사 가는 것이라 생각했다.

초등학생 때는 죽음을 천국에 오르거나 지옥에 떨어지는 것이라 여겼고, 중학생이 되자 누군가의 마음에 새겨지거나 지박령(地縛靈)이 되거나, 단백질로 분해되는 것이라 생각했다.

그리고 고등학생이 되었을 때는 죽음이 뭔들 무슨 상관이냐는 기분이었다.

죽음이란 무얼까. 단어가 갖는 울림은 무거운데 그 답은 상황이나 사람에 따라 이리저리 가볍게 바뀌었다.

누구한테 말 못 할 나쁜 짓을 했거나 혼자 야한 생각을 할 때면
'혹시 돌아가신 할아버지가 보는 게 아닐까?' 하는 기분이 들고 이상한 시선까지 느껴져서 가슴이 쿵쿵 뛴다.

죽으면 '영혼'이 된다. 그 말은 어느 정도 믿는다.
정말 믿냐고 묻는다면 정말은 아닌 것 같은데, 역시 무시할 수는 없다.
나 같은 사람이 의외로 많지 않을까. 일본은 무종교의 나라라고 하지만 많은 사람이
공통으로 그렇게 느끼는 것 같다.

그런데 세계의 여러 나라를 살펴보면, 사람이 죽는다고 꼭 '영혼'이 되는 것은 아니다.
기억과 함께 사라진다고 생각하는 민족이 있는가 하면
다른 생명으로 태어난다고 믿는 나라도 있다.
국가, 종교, 시대에 따라 죽음에 대한 사고방식에는 다양한 형태가 있다.
여기서는 이런 죽음의 다양한 형태를 그림으로 나타내보았다.

죽음의 다양한 형태

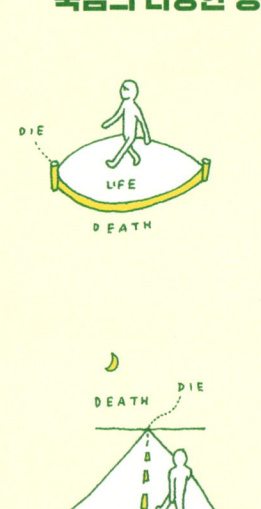

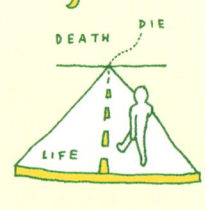
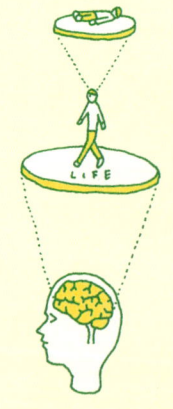
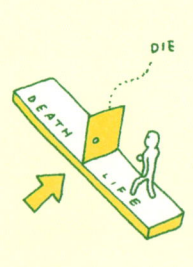

죽음의 기본 형태

전 세계의 죽음의 형태를 정리해보면,
살아있는 세계인 '현세' 외에 죽은 후의 '내세'가 있는 경우가 많다.
그 두 세계를 '죽음'이라는 경계가 나누고 있다.
여러 가지 형태로 죽음을 생각할 수 있지만
이 구도를 기본 형태로 보았다.

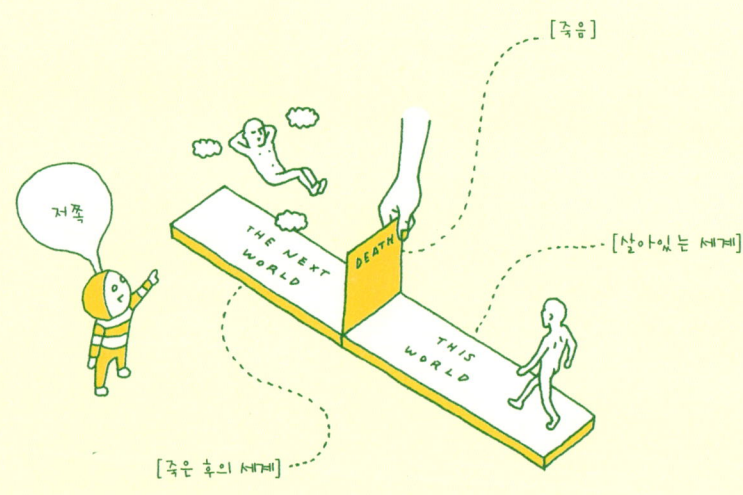

➜ 영(靈)이 된다 · 혼이 빠져나간다
[전 세계]

'영'이라는 비물질적 실체에 대한 생각은 크로마뇽인 시대부터 있었던 것 같다. 그들도 죽은 이의 명복을 빌며 매장을 했다. 영과 짝을 이루는 혼이라는 사고방식도 있다. 인간의 육체에는 혼이 들어있는데 죽으면 혼이 육체에서 빠져나와 실체가 없는 영이 된다. 세계적으로 널리 믿는 죽음의 형태다.

– 무라카미 시게요시 『세계의 종교』

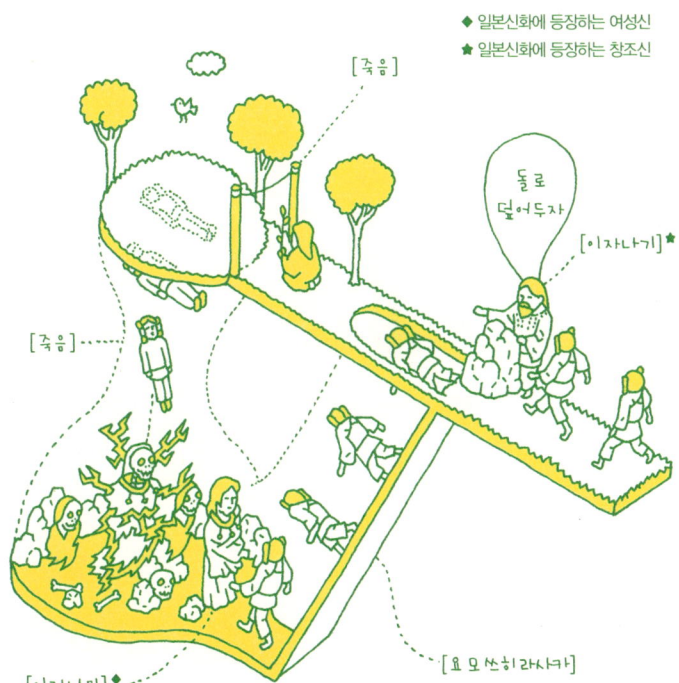

➡ 지하세계로 간다

[고대 일본·오행사상]

옛날 일본에서는 사람이 죽으면 '황천(黃泉)'이라는 지하세계로 간다고 믿었다. 황천은 시마네현에 있는 '요모쓰히라사카'라는 고갯길로, 지상세계와 이어져 있었던 것 같다. 지금 사람은 죽은 사람을 생각할 때 하늘을 올려다보곤 하는데, 옛날에는 땅을 바라보며 두 손을 모으지 않았을까. 참고로, '되살아나다'라는 의미의 일본어 '요미가에루'(よみかえる)는 '황천에서 돌아오다'가 어원이라고 한다.

황천의 '황'은 오행 사상에서 '흙'을 나타내기 때문에 지하세계를 그렇게 불렀다. 이 말이 전래되기 전 일본에서 황천은 지하가 아니었다는 설도 있다.

— 사카모토 마사루 『고사기(古事記)를 읽는 법』

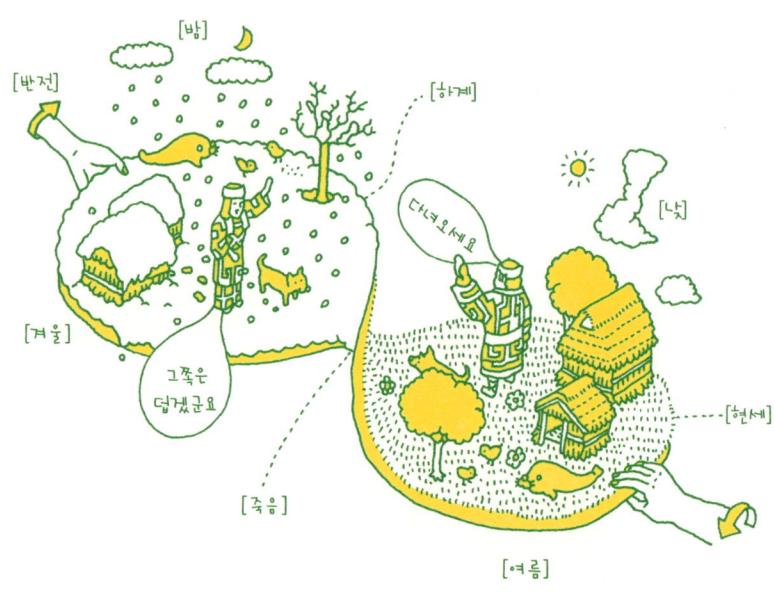

➜ 평행세계로 간다

[일본의 아이누족]

홋카이도의 원주민인 아이누족은 죽어도 현세와 크게 다르지 않은 '하계'(下界)에서 평범하게 생활한다고 생각했다. 하계의 시간은 현세와 반대다. 이쪽이 낮이면 그쪽은 밤, 이쪽이 여름이면 그쪽은 겨울이다. 그래서 여름에 죽은 사람은 겨울 옷차림으로, 겨울에 죽은 사람은 여름 옷차림으로 매장한다. 하계에서는 시간도 6배 천천히 흐른다고 한다.
― 후지무라 히사카즈 『아이누신들과 살아있는 사람들』

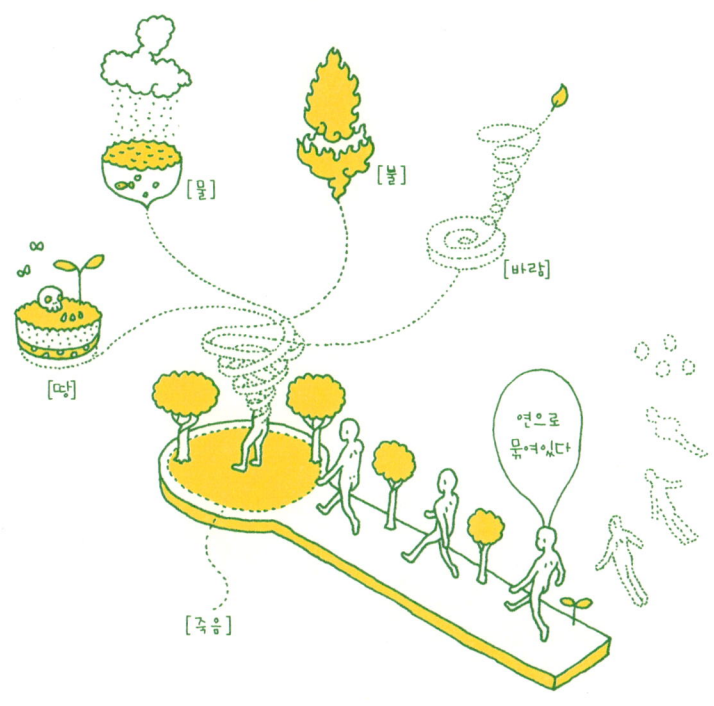

➜ 풀린다(4대의 흩어짐)

[불교]

불교에서 살아있는 육체는 '땅=뼈와 손발톱' '물=혈액·림프액' '불=체온' '바람=팔다리·심장의 움직임'인 4가지 요소가 '연'으로 이어진 것이라 생각한다. 그 연이 풀려서 4가지가 뿔뿔이 흩어지는 것이 죽음이다. 저승에 간다고 하기보다는 본래의 모습으로 돌아가는 느낌이랄까.

– 겐유 소큐·스즈키 히데코 『불교·기독교의 죽음과 삶의 방식』

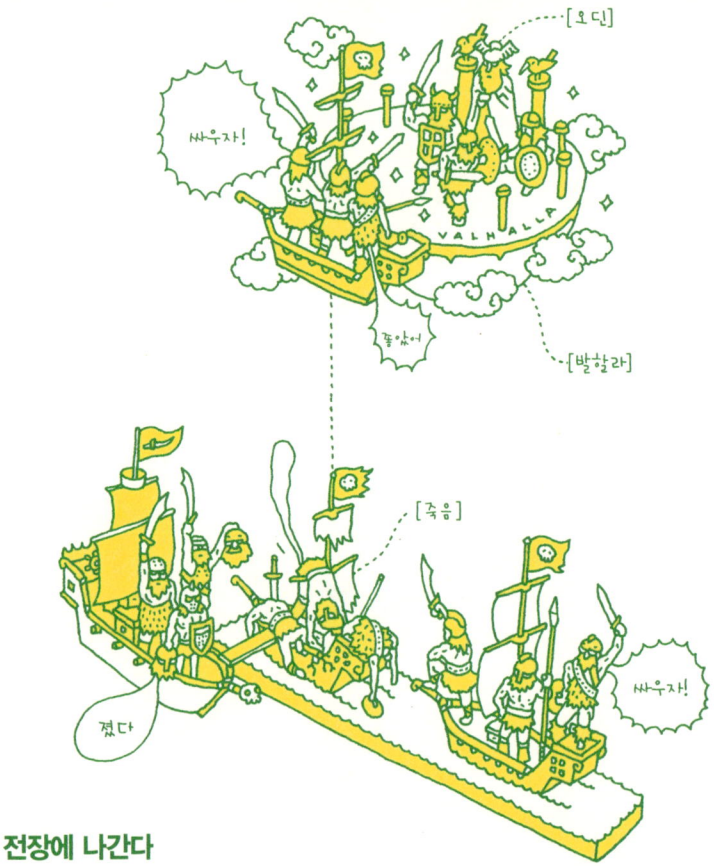

➡ 전장에 나간다

[고대 북유럽의 바이킹]

고대 북유럽의 전사 바이킹들에게 싸움이야말로 인간의 가치였다. 그래서 죽어도 전장에 나가 싸움을 계속한다고 믿었다. 전장은 '발할라'라고 하는데 일본에서도 전사의 천국으로 꽤 유명하다. 오딘이라는 신이 지배하는 천상의 궁전에서 낮에는 싸움을 즐기고 밤에는 연회를 열어 술을 마신다고 한다. 문과계 사람에게는 지옥일 수도.

— 악셀 올리크 『북유럽 신화의 세계』

➜ 가까운 섬에 간다

[파푸아뉴기니 트로브리안드 제도]

이 지역의 키리위나섬에 사는 사람들은 죽으면 실제 있는 인근의 섬에 간다고 믿었다. 그곳에서 결혼을 하고 일도 하며 평범하게 지내다 늙으면 바다에서 탈피한다. 태아로 돌아가 야자 잎에 싸여 옮겨진 후 원래 살았던 섬에서 새 생명으로 태어난다. 훈훈한 죽음의 형태다. 그러나 곤충이나 파충류 외에 탈피는 좋지 않을 듯.

— 브로니슬라브 말리노프스키 『발로마: 트로브리안드 제도의 주술과 사령신앙』· 다나세 조지 『타계 관념의 초기 형태』

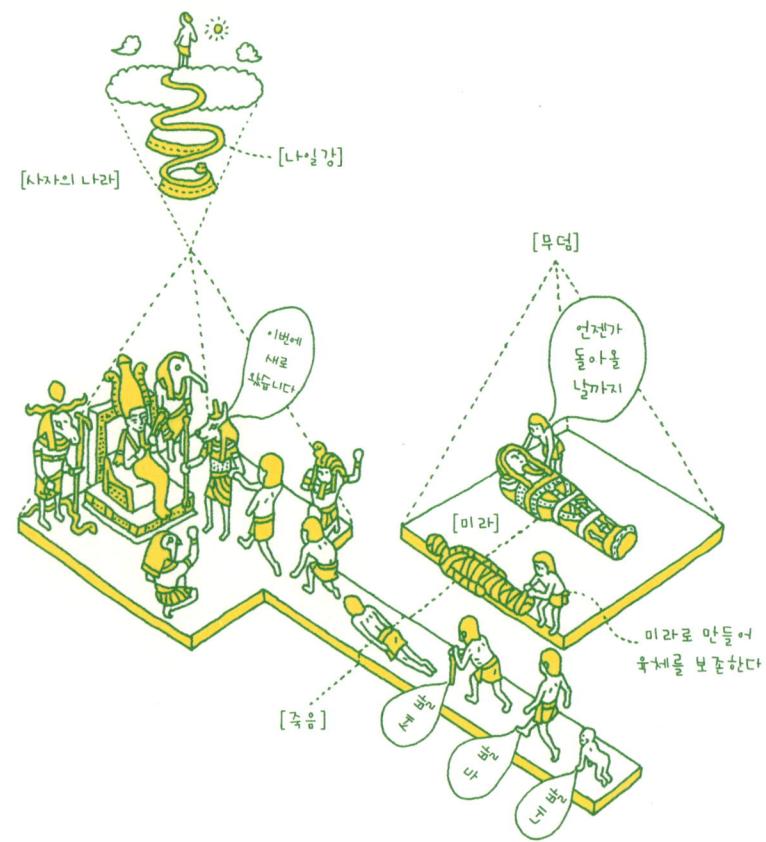

➡ 사자(死者)의 나라에서 기다린다

[고대 이집트]

고대 이집트 사람들도 '혼'이 있다고 생각했던 것 같다. 사람이 죽으면 혼은 '사자의 나라'에 간다고 믿었다. 혼은 영원불멸하기 때문에 그곳에서 다시 태어날 날을 기다린다. 다시 태어날 날까지 육체를 보존하기 위해 사체는 미라로 만들었다. 그러나 미라에 혼이 돌아온 예는 아직 보고되지 않았다.

— 무라카미 시게요시 「세계의 종교」

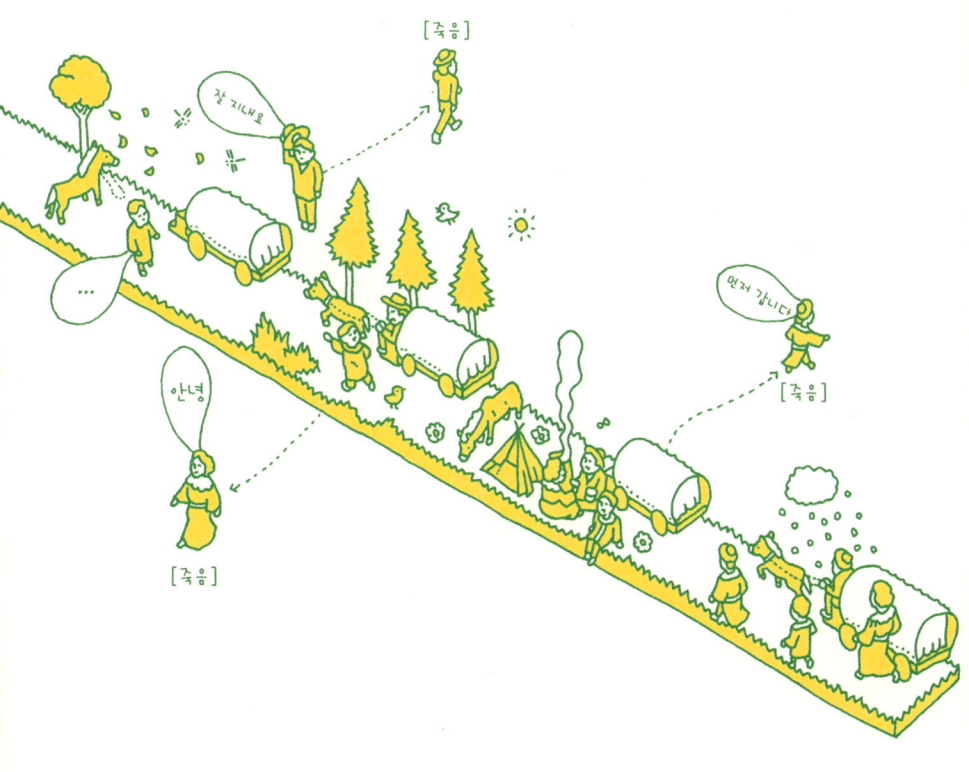

➜ 없었던 것이 된다

[집시]

집시는 여러 곳을 여행하는 사람들을 가리키는 말이다. 옛날에는 사람이 죽으면 그 존재를 처음부터 '없었던 것'으로 여기는 집시도 있었다. 죽은 사람의 이름이나 추억을 입에 담지 않는 것은 물론, 유품도 남기지 않는다. 말하자면 아무도 죽지 않는 것이다. 살아있는 사람만 있다. 여행 중에 생겨난, 독특하고 엄격한 죽음의 형태다.

— 미셸 보벨 『죽음의 역사』

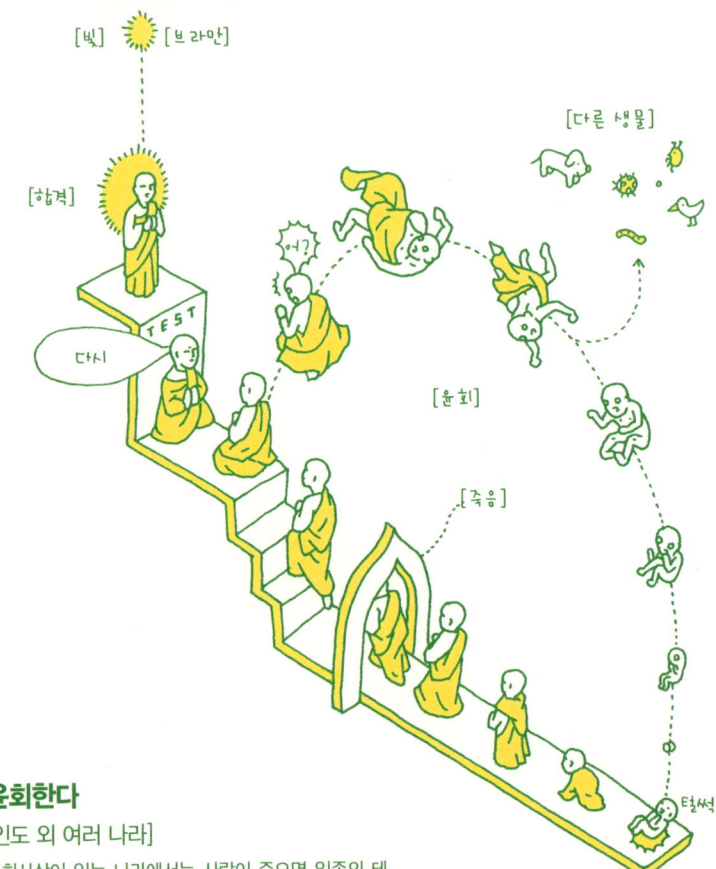

➡ 윤회한다
[인도 외 여러 나라]

윤회사상이 있는 나라에서는 사람이 죽으면 일종의 테스트를 받는다고 생각한다. 테스트에 합격하면 마지막 단계로 갈 수 있지만 떨어지면 다른 생물로 다시 태어나 생의 고통을 반복해야 한다. 일본에서는 '윤회'를 낭만적으로 생각하는 경향이 있는데, 입시에 실패한 재수생처럼 괴로운 죽음의 형태다.

— 무라카미 시게요시 『세계의 종교』

➡ 새를 타고 천국에 간다

[티베트 밀교]

새가 사체를 파먹게 하는 조장 지역에서는 죽으면 새를 타고 하늘에 간다고 여긴다. 티베트는 윤회를 믿는데 혼이 빠져나간 육체는 자연으로 돌아간다는 합리적인 의미도 있다.

— 와키타 지로 『조장 국가』

➡ 태양에 간다

[오세아니아]

호주에 살았던 원주민 가운데는 태양이야말로 죽은 자의 안식처라고 믿는 부족도 있었다.

— 다나세 조지 『타계 관념의 원시형태』

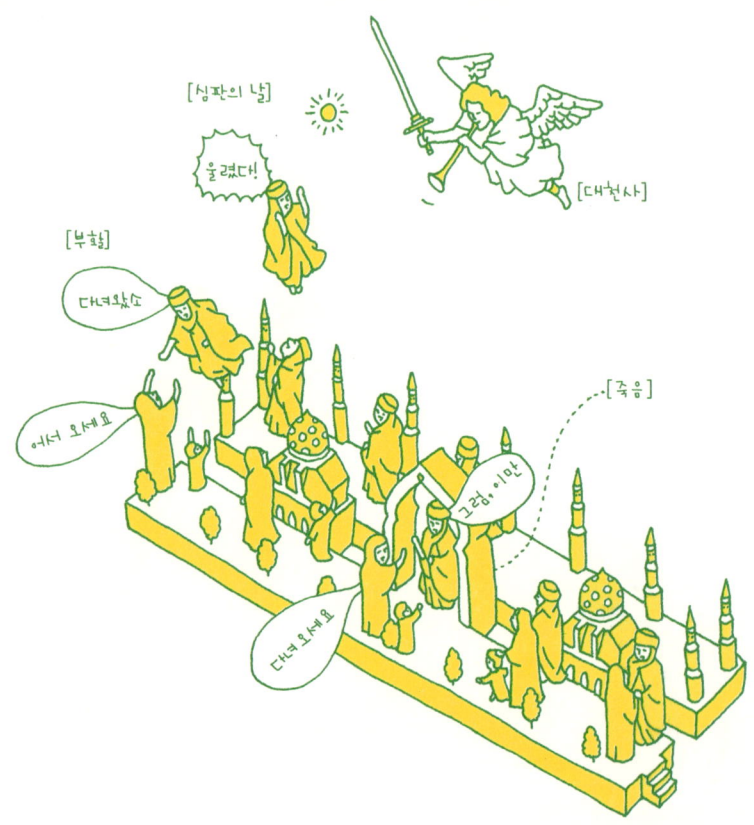

➡ 잠깐 동안 이별한다

[이슬람교]

이슬람교에서 죽음은 끝이 아니라 가까운 사람과의 짧은 이별이다. 언젠가 찾아올 '심판의 날'에 대천사 가브리엘이 나팔을 불면 죽은 자들이 부활한다고 굳게 믿는다. 부활 후에는 알라신의 심판이 있어서 알라를 믿고 선행을 쌓은 자는 평화를 얻지만 신앙심이 부족한 사람은 영원한 고통을 받게 된다고 한다.

— 마쓰나미 고도 『세계의 장례식』·무라카미 시게요시 『세계의 종교』

➡ 사신에게 혼을 빨아 먹힌다

[각지 종교]

죽으면 어디에 가는 것이 아니라 죽음의 신에게 혼을 빼앗긴다는 죽음의 형태. 혼을 빼앗는 신은 여러 종교에서 볼 수 있다. 고대 일본의 이자나미, 고대 이집트의 아누비스, 그리스의 타나토스 등이 있다. 흔히 볼 수 있는 검은 옷에 낫을 든 해골머리의 사신은 서양에서 생겨났다.

― 미셸 보벨 『죽음의 역사』

➡ 달라지지 않는다

[필리핀 마노보족]

마노보족은 죽어도 평소처럼 일상이 계속된다고 생각한다. '이브'라는 죽음의 나라는 현세의 연장이다. 그러나 현세처럼 성가신 일은 없다. 먼저 죽은 사람과 다시 만나서 결혼하고 일하며 평화롭게 지낼 수 있다. 천국도 지옥도 없는 평온한 죽음의 형태.

— 다나세 조지 『타계 관념의 원시형태』

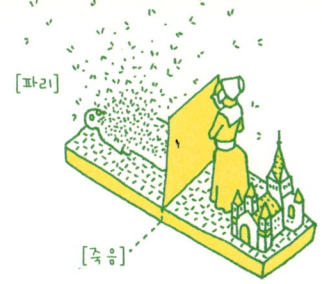

➜ 파리가 된다
[프랑스 브르타뉴 민간신앙]

죽으면 혼이 주변에서 흔히 볼 수 있는 파리와 같은 생물이 된다고 믿는 사람들도 있었다.

– 미셸 보벨 『죽음의 역사』

➜ 귀뚜라미가 된다
[필리핀 슬로드족]

유족들이 죽음의 의식에 실패했을 때 죽은 자는 그 벌로 귀뚜라미가 되기도 한다.

– 다나세 조지 『타계 관념의 원시형태』

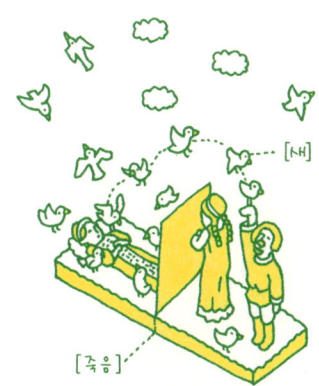

➜ 새가 된다
[슬라브 민간신앙]

혼이 새가 되어 천국에 간다고 믿는 지역도 있었다.

– 미셸 보벨 『죽음의 역사』

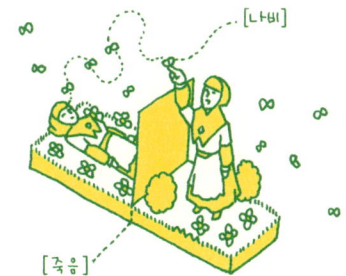

➜ 나비가 된다
[아일랜드 민간신앙]

육체에서 혼이 분리되면 혼은 나비가 된다고 여겼다.

– 미셸 보벨 『죽음의 역사』

➜ 지옥에 떨어진다
[일본]

거짓말쟁이는 지옥에 떨어져 바늘산과 피의 늪에서 고통을 당한다. 아이를 야단칠 때 자주 사용하는 말이다. 지옥은 지하 8층으로 되어 있고, 층마다 형벌이 다르다고 한다. 가장 아래층은 무간지옥. 소와 말의 머리를 한 무서운 관리인에게 영원히 괴롭힘을 당한다. 지금도 자주 언급되는 죽음의 형태.

— 겐신 『왕생요집』 · 구사노 다쿠미 『지옥』

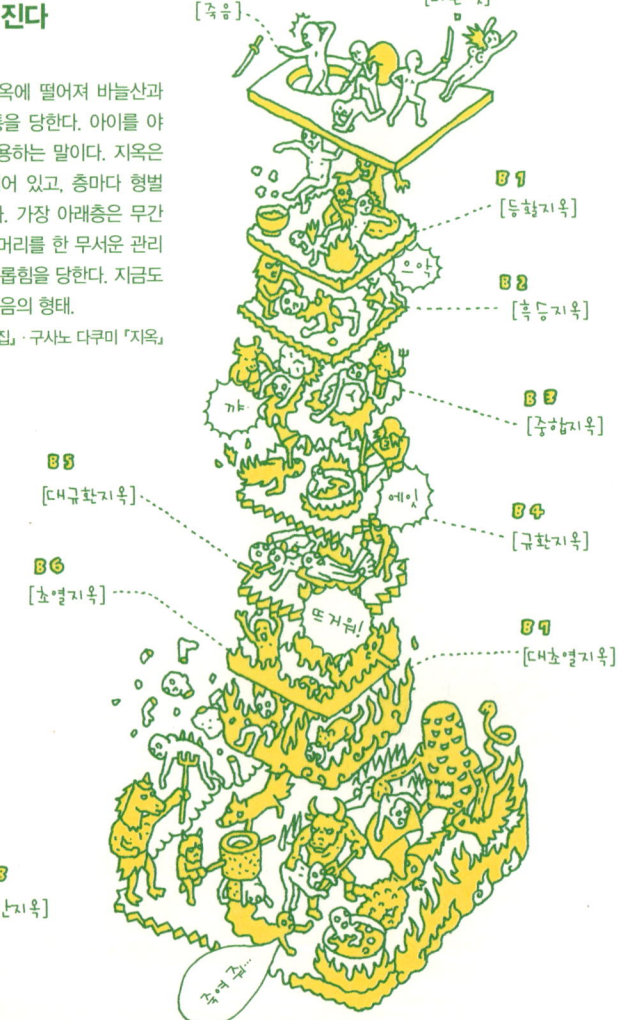

➡ 악령이 된다
[힌두교·불교 등]

원한이 있거나 제대로 장사를 치러주지 않아서 사후 세계에 가지 못하면 사람에게 해를 입히는 악령이 된다고 생각했다.

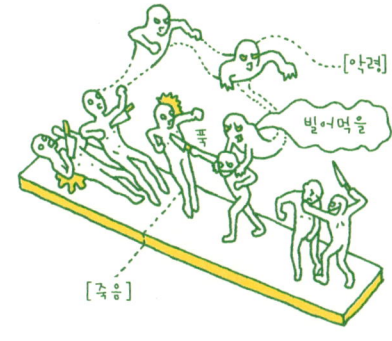

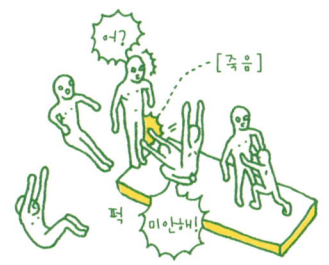

➡ 강시가 된다
[중국 도교]

한때 사람들의 인기를 모았던 강시는 도교에서 탄생했다. '정신의 영=혼'이 떠나고 '육체의 영=백(魄)'만 남으면 강시가 된다고 한다. — 홍콩영화 「영환도사」

➡ 산제물이 된다
[고대 각지]

아주 옛날, 홍수 같은 재해나 공사의 실패를 신의 노여움 때문이라 여겼던 시절에는 사람을 산제물로 바쳐야 신의 노여움을 진정시킬 수 있다고 믿었다.

045

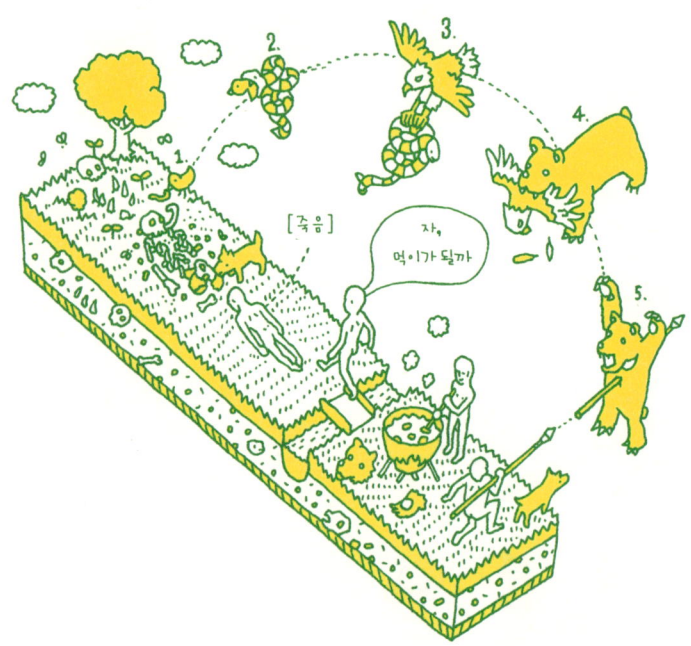

➡ 영양분이 된다

[자연과학]

사람도 자연을 이루는 물질 중 하나다. 사람이 죽으면 육체는 동물의 먹이가 되거나 흙으로 돌아가 식물을 키우는 등, 다른 생물의 영양분으로 사용되며 먹이사슬 속에서 순환한다. 지구의 입장에서 생각하면 이것이 가장 기본적인 죽음의 형태다. 어딘지 불교의 윤회와 비슷하다.

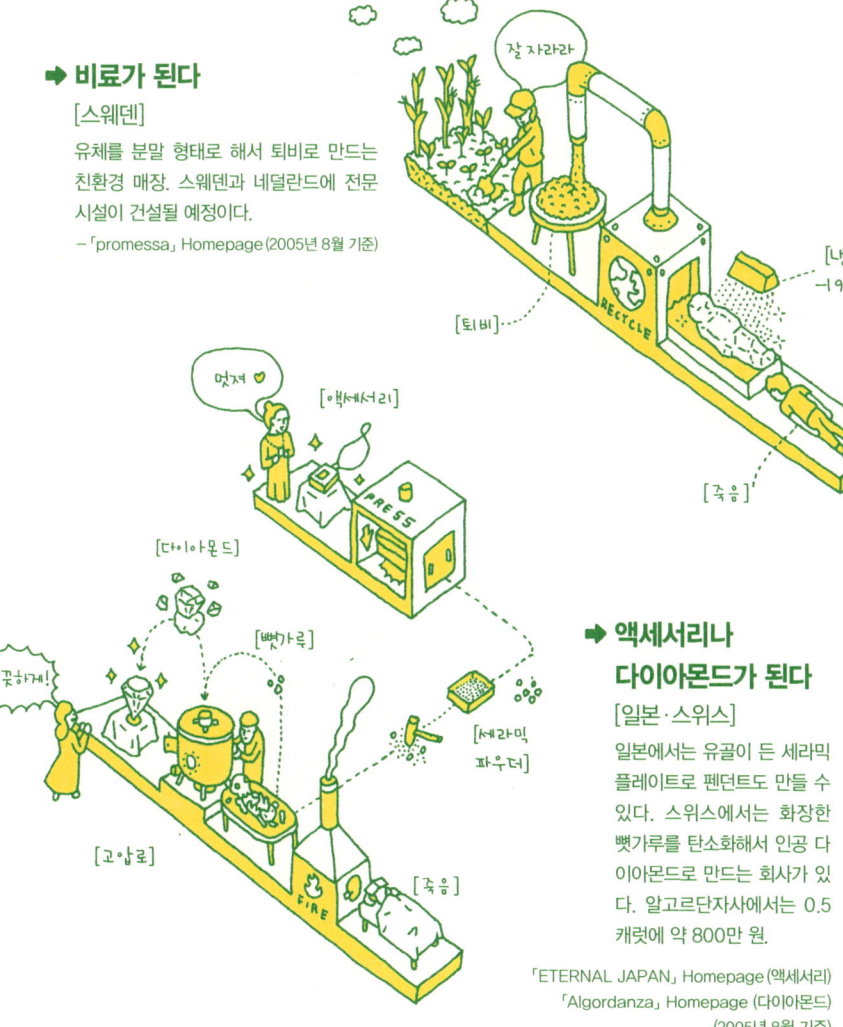

➡ 비료가 된다
[스웨덴]

유체를 분말 형태로 해서 퇴비로 만드는 친환경 매장. 스웨덴과 네덜란드에 전문 시설이 건설될 예정이다.
- 「promessa」 Homepage (2005년 8월 기준)

➡ 액세서리나 다이아몬드가 된다
[일본·스위스]

일본에서는 유골이 든 세라믹 플레이트로 펜던트도 만들 수 있다. 스위스에서는 화장한 뼛가루를 탄소화해서 인공 다이아몬드로 만드는 회사가 있다. 알고르단자사에서는 0.5캐럿에 약 800만 원.

「ETERNAL JAPAN」 Homepage (액세서리)
「Algordanza」 Homepage (다이아몬드)
(2005년 8월 기준)

047

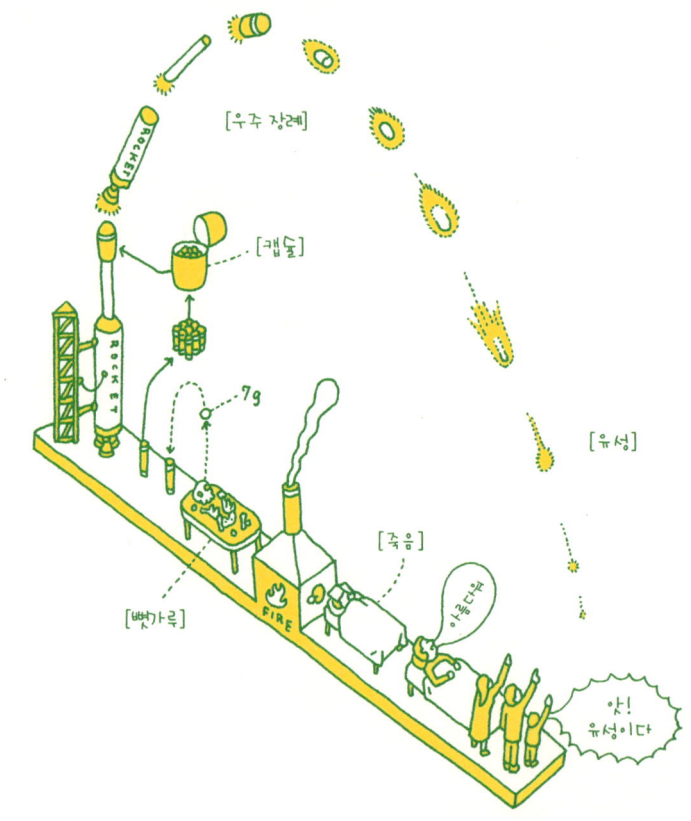

➡ 유성이 된다
[미국·우주 장례]

만화에서는 주인공이 죽으면 유성이 되곤 하는데, 실제로 화장한 뼛가루를 캡슐에 담아 로켓으로 발사하는 서비스도 있다. 지구 궤도를 돌다 50~250년 사이에 대기권에서 불타는 유성이 된다.

— 「EARTHVIEW」 Homepage

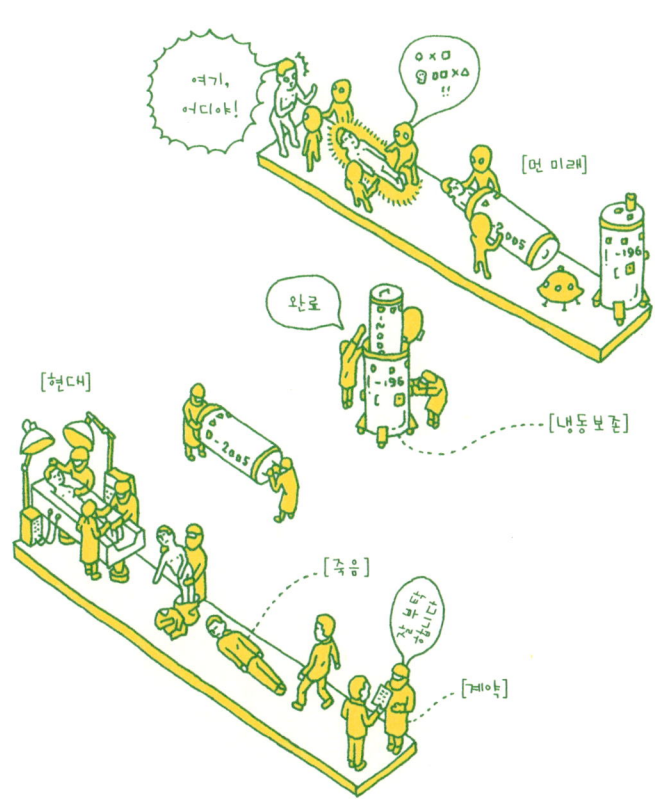

➡ 미래로 간다

[미국]

소생 가능성이 있는 미래까지 육체의 시간을 멈추는 냉동보존. 미국의 「ALCOR」 재단에는 이미 70여 명이 냉동되어 있다고 한다. 이 거창한 캡슐의 사용료는 1회당 12만 달러. 참고로 뇌 만은 5만 달러.

— 「ALCOR Life Extension」 Homepage (2005년 8월 기준)

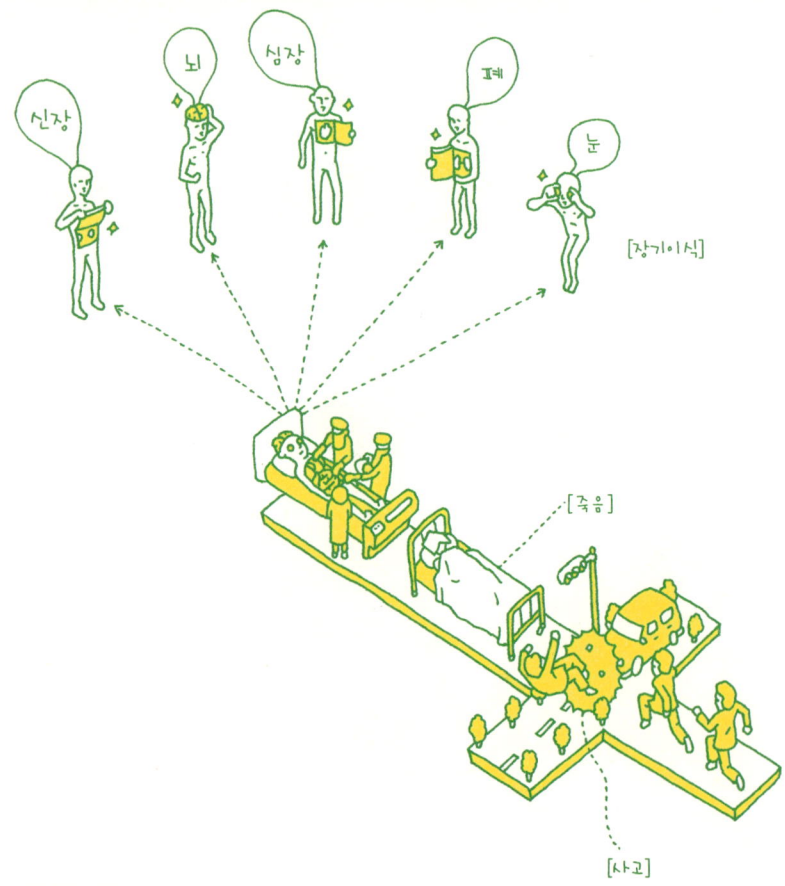

➡ 사람의 몸이 된다

[현대의학]

지금은 사망한 사람의 건강한 눈과 심장을 발병 환자에게 이식할 수 있다. 몸의 일부가 다른 사람의 생명으로 이어져서 좀 더 살 수 있는 것이다. 현대라서 가능한 죽음의 형태.

한국은 장기이식 등록기관에 본인이 직접 등록신청을 한다. 뇌사나 사망인 경우 가족이나 유족이 대신 신청할 수 있다.

➡ 갈아탄다

[현대생물학]

'몸은 유전자의 수송수단'이라는 말처럼, 자신이 죽어도 유전자는 살아남는다는 사고방식도 죽음의 한 형태다. 유전자 정보는 태곳적부터 몸을 갈아타면서 이어져 지구가 존재하는 한 사라지지 않는다. 이것 이야말로 '불로불사'의 형태가 아닐까.

나는 죽음의 형태들 가운데 죽으면 가까운 섬에 간다는 파푸아뉴기니 사람들의 생각을 가장 좋아한다. 모두 파푸아뉴기니 사람들처럼 생각하고 살면 평온하고 행복할 거라고 상상하니 기분이 좋아졌다.

죽음을 생각하면 힘이 솟는다.

누구든 죽음을 기분 좋은 일로 인식해야 살면서도 즐겁다.
죽음의 형태는 이렇게 다양하지만,
죽으면 모두 고통스러운 세계에 간다고 생각하는 나라는 한 곳도 없다.
지옥도 있지만 균형을 이루듯이 천국도 있기 때문이다.

때로는 교훈을 주고, 때로는 격려가 되고, 때로는 도구로서 살아있는 사람들에게 죽음에 대한 긍정적인 생각을 갖게 하는 죽음의 형태. 그런 형태를 찾다 보니 현재 죽음의 형태가 만들어진 것이 아닐까.
모두 진심으로 그렇게 믿는 것은 아니지만 모두가 갖고 있는 죽음의 형태가 그 나라와 민족을 잇는 연결고리가 된다.

죽음은 언제 찾아올까
THE TIMING OF DEATH

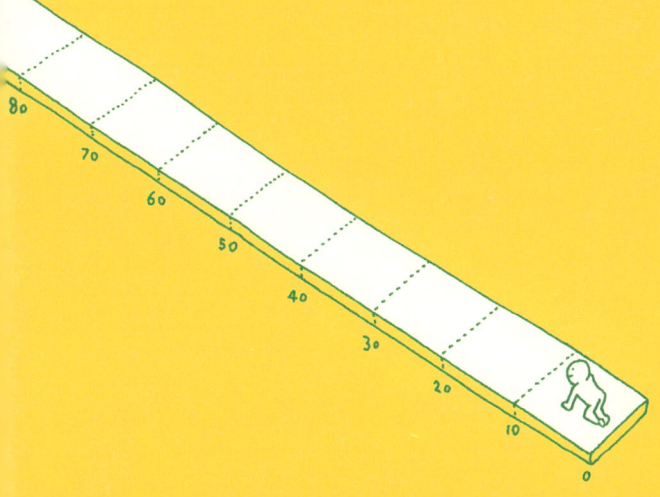

퇴근 후 집에 돌아와 샤워하고, 메일도 확인하고, 피곤해서 불을 끄고 잠자리에 들기 전 문득 '나도 언젠가 죽겠지?' 하고 생각한 적이 있는가?
나는 1년에 한 번은 그런 생각에 가슴이 철렁한다.

생각해보면, 자신은 죽지 않을 거라고 믿는 구석이 있다.
실제로 정신과 의사 퀴블러 로스의 『죽음과 죽어감』을 보면
"인간은 무의식적으로 자신에게는 절대 죽음이 일어나지 않는다고 생각한다"라고 적혀 있다.

그래서 죽음에 대해 생각하고 싶지 않고, 듣고 싶지 않다고 한다.
머리로는 언젠가 죽는다는 것을 알지만 실감하지는 못한다.
그러나 사람은 누구나 죽는다. 여기서는 죽음이 찾아오는 시기에 대해 조사해보았다.

사람은 생활리듬이나 생활방식을 바꾸려고 할 때 평균수명이라는 잣대로 인생을 가늠한다.

평균수명은 마음의 기둥.

일본인의 평균수명은 80세다. 나는 그 절반도 살지 않은 거니까 '죽으려면 아직 멀었다'고 생각한다.

현대인은 특히 슬로 라이프.

예를 들어 에도시대 전기의 평균수명은 30세 정도였다.◆ 만일 32세인 내가 그 시대에 살았다면 이미 죽었을지 모른다.
'슬로 라이프'라는 말을 자주 듣는데, 에도시대 사람은 느리게 사는 삶을 추구했을까?
'여유 있게, 느리게 사는 것이 좋다'는 생각은 오래 살 수 있는 시대이기 때문에 생겨난 게 아닐까.

◆ 에도시대 전기의 평균수명: 「노화 과학 입문」

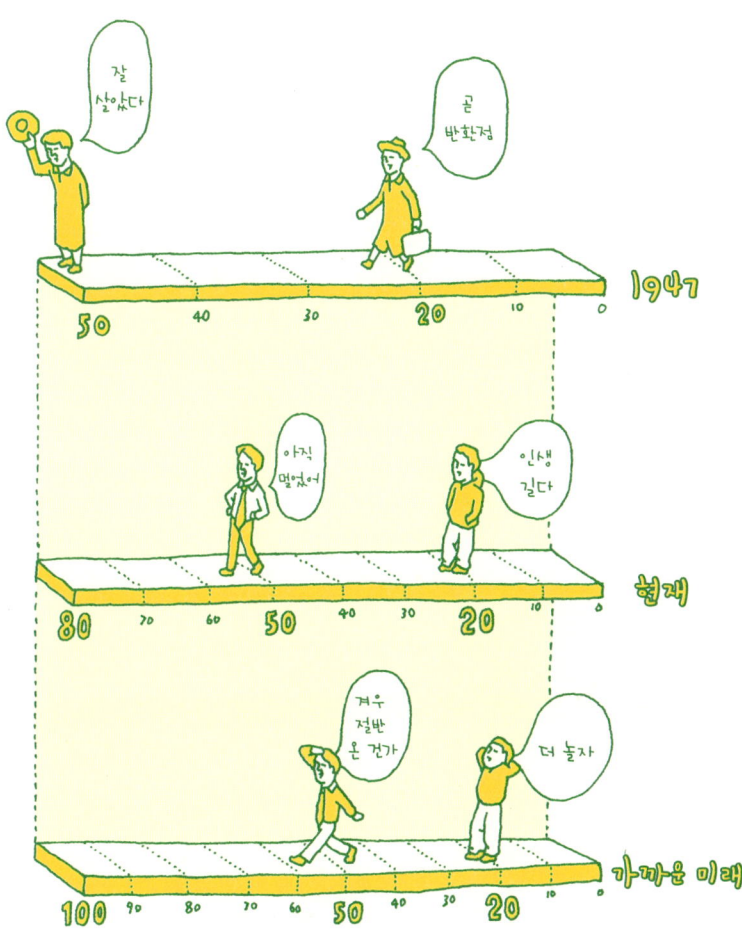

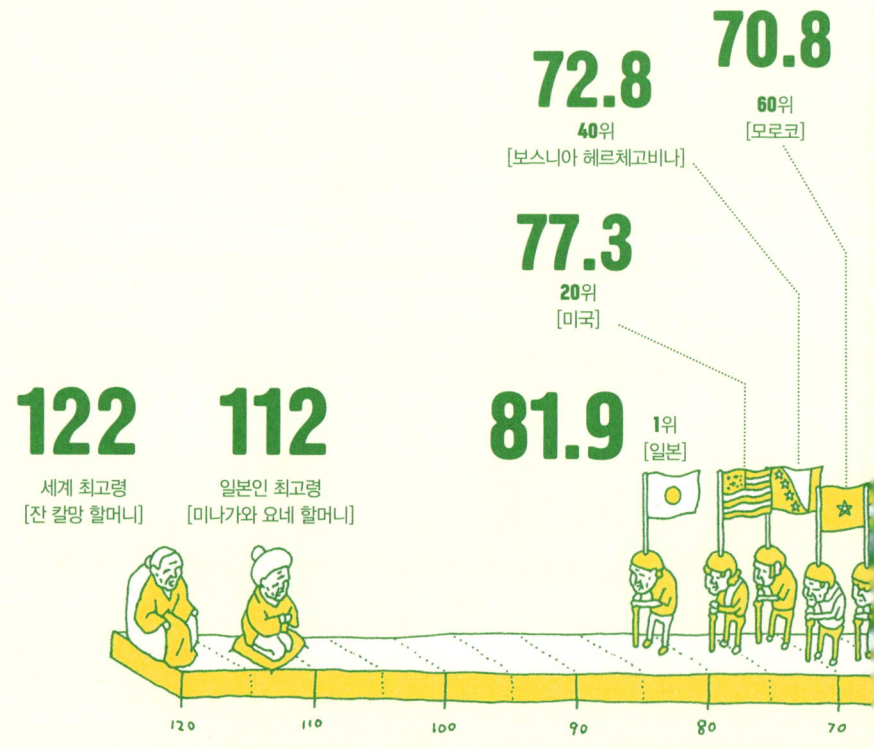

평균수명

일본인은 세계에서 가장 오래 사는 국민이다. 어린이의 수는 줄고 노인이 많은 고령국이기도 하다. 평균수명은 '0세의 기대여명'으로, 태어난 순간부터 얼마나 살 수 있는지를 나타낸 것이다. 그래서 신생아 사망률이 높은 시에라리온은 평균수명이 짧다. 평균수명의 연령은 각 국가의 상황을 반영하는 수치라고도 할 수 있다.

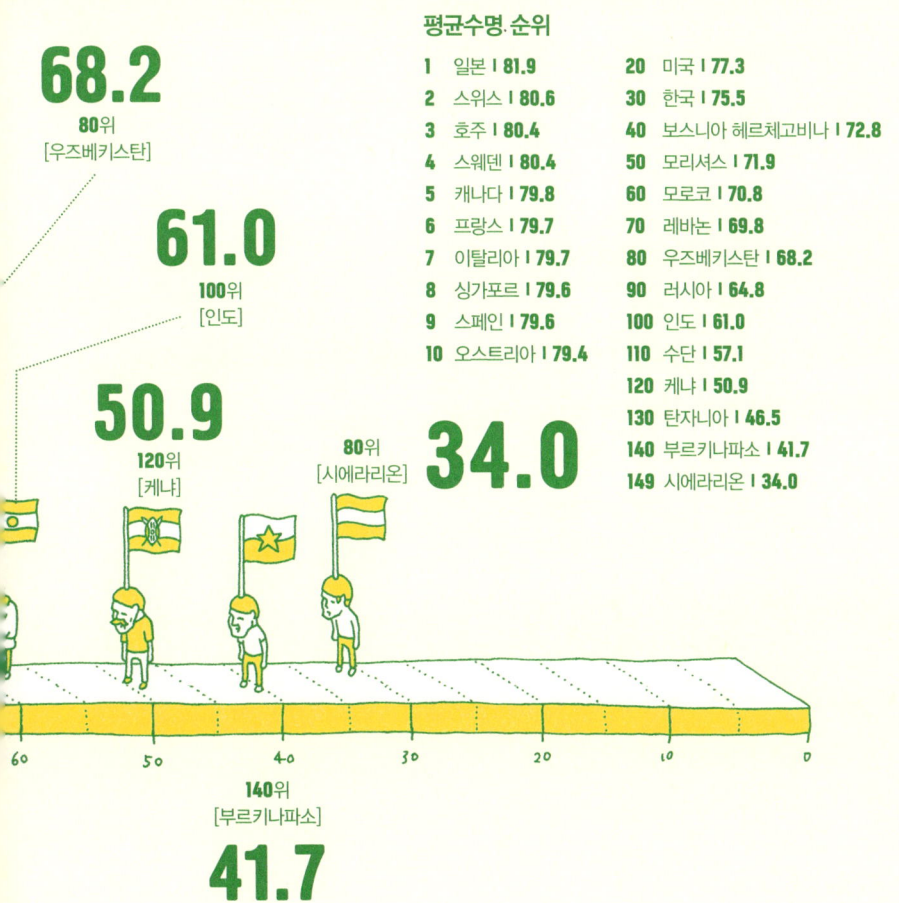

평균수명 순위

1	일본 I **81.9**	20	미국 I **77.3**
2	스위스 I **80.6**	30	한국 I **75.5**
3	호주 I **80.4**	40	보스니아 헤르체고비나 I **72.8**
4	스웨덴 I **80.4**	50	모리셔스 I **71.9**
5	캐나다 I **79.8**	60	모로코 I **70.8**
6	프랑스 I **79.7**	70	레바논 I **69.8**
7	이탈리아 I **79.7**	80	우즈베키스탄 I **68.2**
8	싱가포르 I **79.6**	90	러시아 I **64.8**
9	스페인 I **79.6**	100	인도 I **61.0**
10	오스트리아 I **79.4**	110	수단 I **57.1**
		120	케냐 I **50.9**
		130	탄자니아 I **46.5**
		140	부르키나파소 I **41.7**
		149	시에라리온 I **34.0**

68.2 80위 [우즈베키스탄]

61.0 100위 [인도]

50.9 120위 [케냐]

34.0 80위 [시에라리온]

41.7 140위 [부르키나파소]

인구 100만 명 이상의 국가만. 공평한 값을 낼 수 있는 연도의 데이터를 사용했다. 2004년 일본인의 평균수명은 남성 78.64세, 여성 85.59세. cf. 2004년 한국인의 평균수명은 76.9세.
— 「WHO 자료」(2002)

이상적인 생활을 하면 인간이 200살까지 살 수 있다는 설도 있다.
그러나 잘 생각해보면 200년 가운데 130년 정도는 섹스리스 인생이다. 글쎄, 그런 인생이 좋을지 어떨지.

수명이 늘어도 몸이 따라가지 못한다.

일본인의 평균수명은 최근 50년간 20세 늘었지만, 몸이 쇠약해지는 속도에 변화가 생겼다는 이야기는 들어보지 못했다.
뉴스를 보면 고령화가 사회적 문제가 되고 있는데, 고령화가 아니라 몸과 세상이 늘어난 수명을 따라가지 못하는 것이 문제다.

마음 vs 수명

살고 싶은 마음과 늘어나는 수명. 두 배로 좋아야 하는데 실제는 이 둘이 요란하게 불꽃을 튀기며 맞서고 있다.

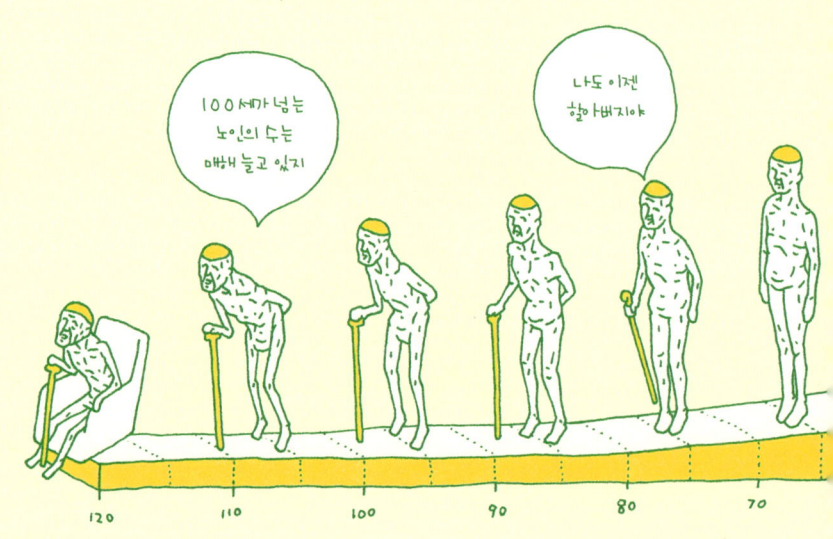

몸의 수명

사람은 12세를 절정으로 체내에서 분비되는 성장호르몬의 양이 감소한다. 위생 상태가 좋아지고 의료 기술이 발전해 쉽게 죽지 않게 되었지만 인간의 몸은 어느 시대에나 같은 속도로 노화한다. 오래 산다는 것은 그만큼 노인으로 있는 시간이 증가한다는 의미다.

나이가 들수록 감소하는 성장호르몬의 혈중 농도를 그래프 데이터를 토대로 그림으로 나타냈다.

— 요네이 요시카즈 『노인과 생명의 짜임새』

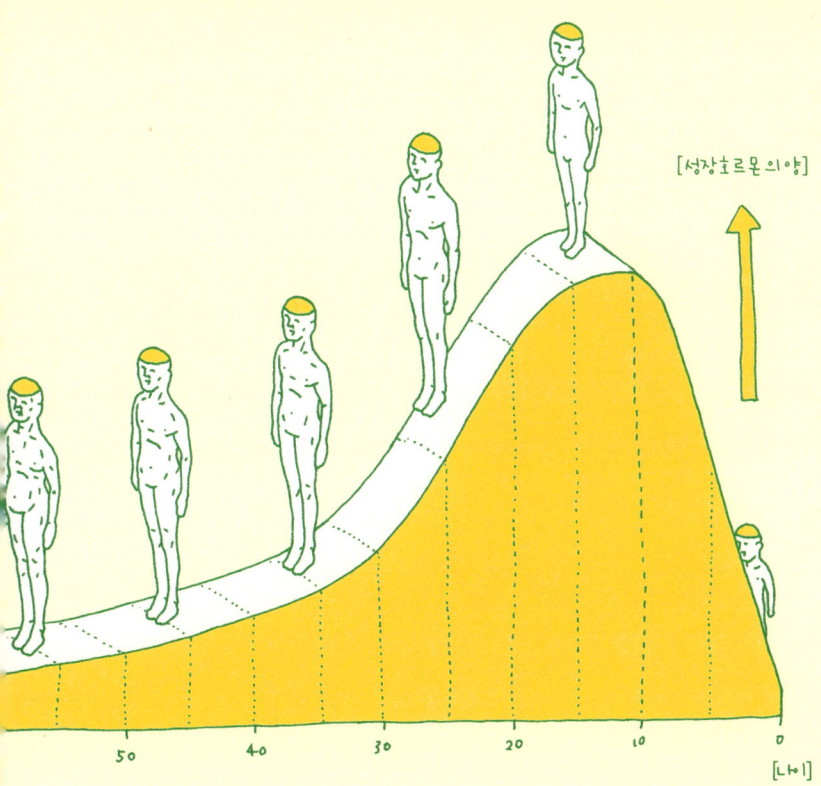

의료 기술의 발달로, 더 살고 싶은 기분이 더 이상 일지 않는데도 몸은 살아있는 일이 생겨났다.
그 좋은 예가 '뇌사'라는 새로운 죽음이다.

마음과 몸의 죽음이 일치하지 않는다.

들짐승은 잡아먹힌다든지 부상을 입는다든지, 죽음의 시기를 몸이 결정한다. 그러나 현대인에게 죽음의 시기를 결정하는 것은 본인이나 주위 사람들의 마음이다.

언제 죽어야 할까.

유전자 연구의 발달로 그 사람의 수명과 장래의 질병까지 알 수 있게 되었고, 평균수명이 100세를 돌파했다고 해도 그 다음은 어떻게 될까.
언제 죽느냐가 아니라 어디서 삶을 멈춰야 할지 생각해두어야 할 것 같다. 앞으로는 자신이 삶을 멈출 시기를 결정하는, 이쪽에서 죽음을 향해 다가가는 시대가 될지 모른다.

죽음은 어디서 마주하게 될까
THE PLACE OF DEATH

여름휴가 때 고향에 내려가 시골길을 드라이브했다. 농장에서는 소 울음소리가 들려오고, 산록이 펼쳐진, 여유로운 한낮이었다.

역시 음악이 필요해.

마음에 드는 CD를 골라 플레이어에 넣었다. 그런데 플레이어가 고장났는지 CD를 넣을 때마다 튀어나왔다. 시선을 아래로 해서 플레이어와 격투를 한 게 10초나 됐을까. 다시 앞을 본 순간 어찌 된 건지 갈색의 삼나무가 정면에 서 있었다.
앗, 하는 사이에 자동차는 나무를 향해 돌진해 보닛은 종잇장처럼 구겨졌고 앞 유리에 나무기둥이 박혔다.

헉, 나 죽는 건가?

그런 생각이 든 순간 핸들에 머리를 크게 부딪쳤다.

차는 슈- 슈- 하얀 연기를 내며 찌그러져 못쓰게 되었는데 나는 이마에 혹만 났을 뿐 다른 데는 멀쩡했다.
밖의 날씨는 여전히 화창했다. 새들의 지저귐과 소 울음소리가 들려왔다.

이런 데서 죽을 뻔했어.

영화나 드라마 속 인물이 죽을 때는 그에 어울리는 장면이 있다. 하지만 현실에서는 평범한 전원 풍경에서도 죽을 수 있다.

나는 어디서 죽을까.
누구나 한 번쯤 생각해보았을 것이다.
사람들은 어디서 죽을까, 어떤 장소에서 죽기 쉬울까. 집안과 세계의 상황을 다양한 스케일로 정리해보기로 했다.

세계의 연간 사망자 수

세계의 총인구는 약 62억 명. 통계상의 연간 사망자 수는 약 5690만 6000명.

각국의 사망자 수는 각국의 인구(10만 명 단위) × 사망률(10만 명당 사망자 수)로 계산했다.

— 『데이터북 오브 더 월드』(2004)

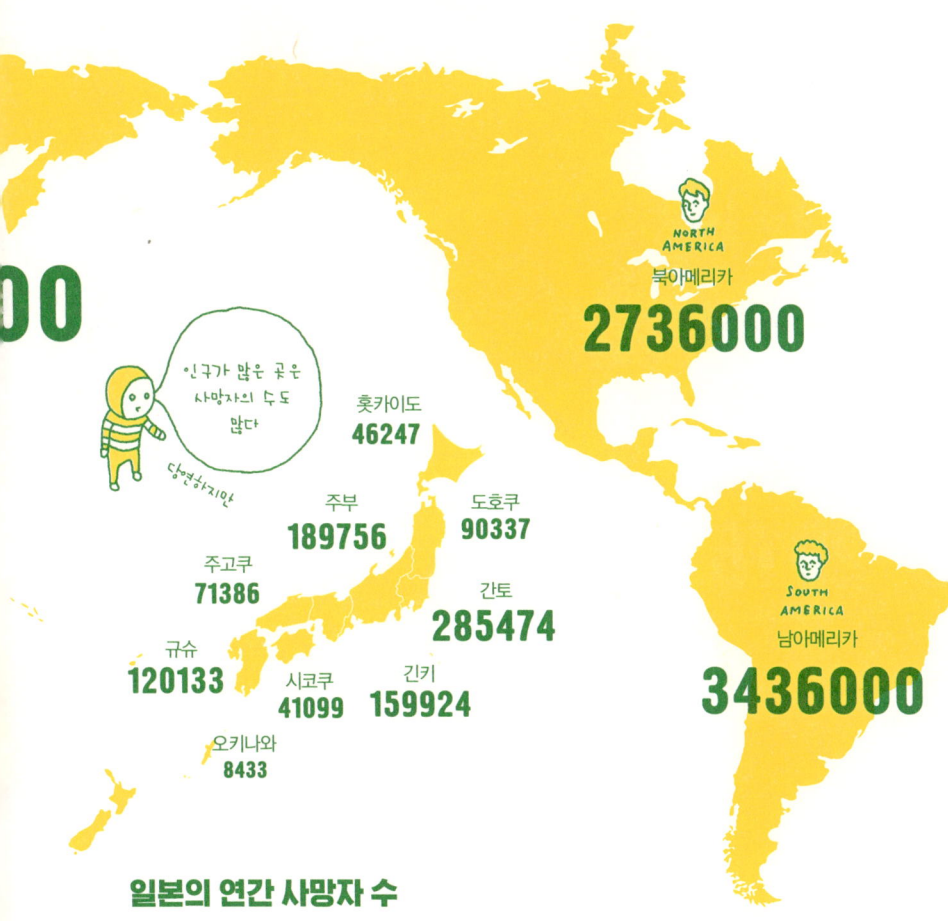

일본의 연간 사망자 수

일본의 총인구는 약 1억 2761만 9000명. 통계상의 연간 사망자 수는 101만 4951명.

외국(134명), 신원미상(2028명)을 제외한다.

— 「인구동태통계」(2003)

[교차로](건수)
2650

[집 안에서 떨어짐·접촉]
20

[오토바이·원동기장치 자전거]
1313

138
[건널목 내 사고]

152
[선로 내 출입]

329
[고속도로에서의 교통사고]

2918
[자동차 사고]

2250
[보행 중 교통사고]

거리에서 발생한 연간 사망자 수

일본인의 옥외 사망률 1위는 교통사고다.
다음으로 자연재해, 노동재해 순이다. 특히 사망률이 높은 곳은 '교차로'라고 할 수 있다.

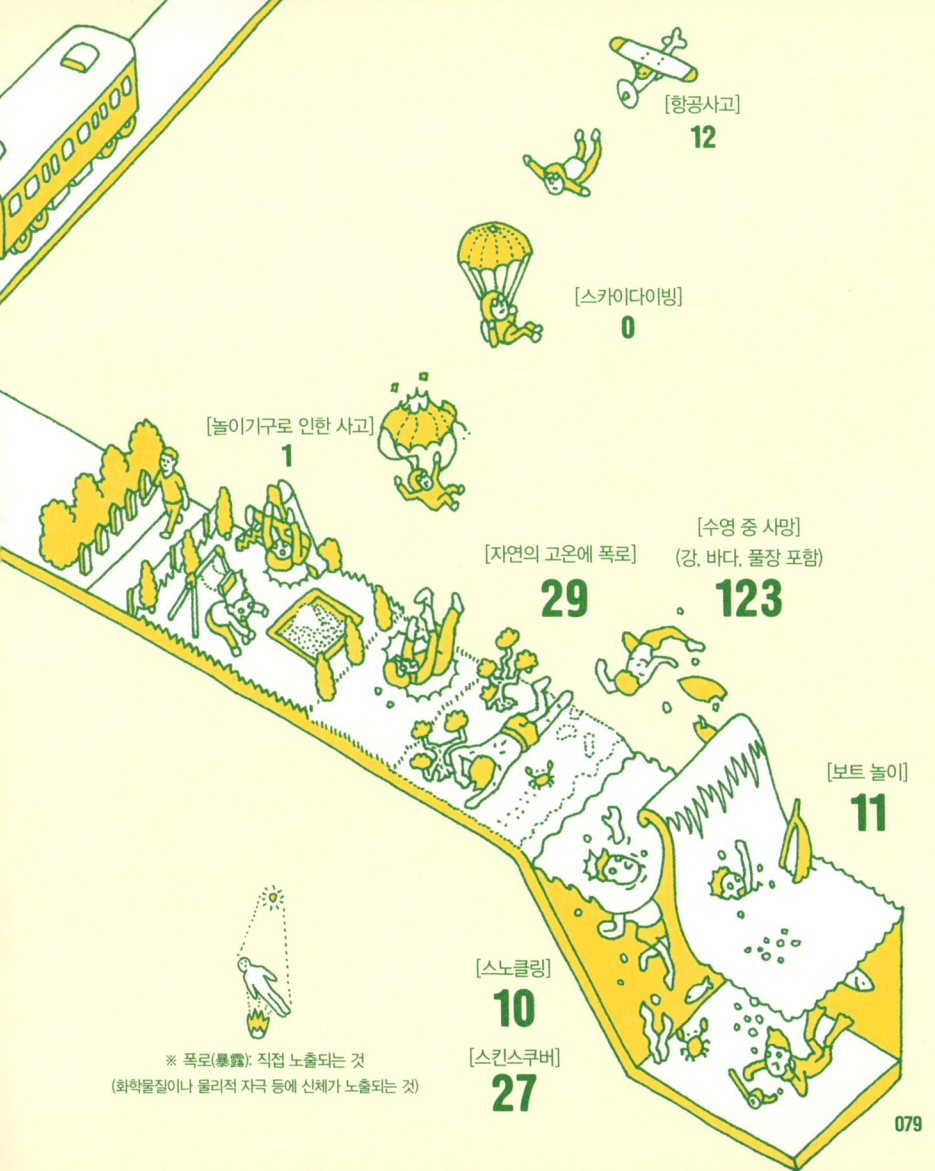

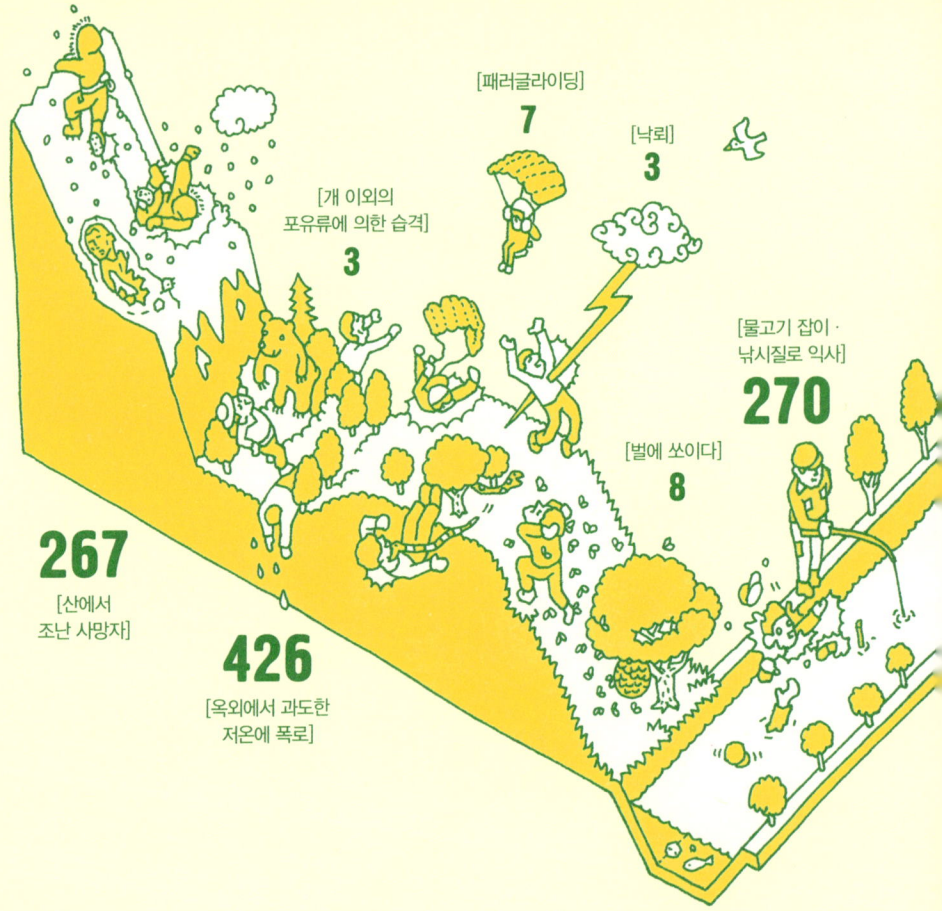

2004년 경찰백서/2004년 경찰청 교통국/2004년 경찰청 생활안전국 지역과/일본 스포츠진흥센터/2003년 인구동태조사/2004년 국토교통성 항공국/2001년 후생노동성고용균등·아동가정국/2003년 국토교통성 철도국기획전대책실/2004년 총무성 소방청의 조사결과를 토대로 했다. 의료사고는 국립의료과학원의 하세가와 토시히코 교수의 추계에 의한 것이다. (정확한 수는 파악할 수 없기 때문) 인구동태조사는 가정·시설 외 장소에서의 사망자 데이터를 참고했다. 부정기 조사도 있기 때문에 연도가 다른 것도 들어있다. 데이터는 참고하는 정도로 보면 된다.

집에서 발생한 연간 사망자 수

사실은 교통사고보다 가정 내 사고로 사망하는 사람이 더 많다. 약 80%는 노인. 65세 이상의 노인에게 욕실과 계단은 가장 위험한 죽음의 장소다.

2003년 「인구동태통계」의 가정 내 사고사망자 조사결과를 바탕으로 그렸다.

사실 지금까지 열거한 장소는 대부분의 사람들이 맞는 죽음의 장소와는 상관이 없다. 왜냐하면 '일본인의 80%는 병원에서 사망'하기 때문이다. 사고로 죽는 사람은 전체의 10%도 되지 않는다. 나머지는 대개 질병으로 병원에서 사망한다.

현대는 다양화 사회다.
그래서 죽는 장소도 사람마다 다를 거라고 생각했다. 그러나 사실은 점점 획일화되어 옛날보다 병원에서 사망하는 비율이 늘고 있다.
단, 최근에는 호스피스나 재택의료처럼 종말기 의료(터미널케어)라고 하는 '죽음을 맞기 위한 의료'를 선택하는 사람도 많다.

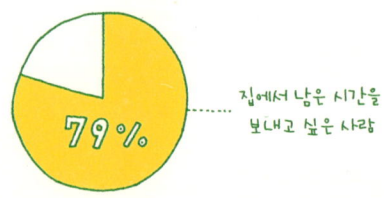

79% 집에서 남은 시간을 보내고 싶은 사람

[자택에서 죽음을 맞고 싶은 사람의 비율]

80%: 2003년 「인구동태통계」에 의하면 1년간 사망자의 78.9%가 병원에서 사망한다.
10%: 2003년 「인구동태통계」에 의하면 질병 이외의 자살, 사고, 노쇠로 사망하는 것은 전체의 11.5%.
원 그래프는 라이프디자인연구소가 2001년 11월에 실시한 「말기의료에 관한 의식조사」(40~60세의 남녀 990명을 대상)를 토대로 했다.

사람들은 어떻게 죽을까
THE CAUSE OF DEATH

왜 죽었을까? 장례식에 가거나 누가 죽었다는 이야기를 들으면 사인이 궁금하다.

그걸 알아서 뭐해.

심근경색이든 교통사고든 죽는 것은 똑같다. 사람들이 사인을 궁금해 하는 이유들 중 반은 죽음을 납득하고 싶어서이고, 나머지 반은 호기심이 생겨서다.
죽음에 관한 책을 읽으면 사인에 관한 내용이 대부분인데, 사인은 죽음 자체와는 거의 관계없다.

사인은 죽음의 문제가 아니라, 죽음 직전의 문제다.

죽기까지 괴로웠을까 아니면 한 순간이었을까. 그것을 알고 싶은 것이다.
일본인의 사인은 대충 봐도 8200종류나 있다. 일일이 열거할 수 없으므로 여기서는 대표적인 사인에 대해서 조사해보았다.

무수한 죽음의 이유

일본 후생노동성이 인구동태통계에 사용하는 '사인기본분류표'라는 것이 있다. 이 분류표는 국제통계를 내기 위해 세계보건기구(WHO)가 만든 사인분류표다. 실제론 계통도처럼 무수히 갈라져서 최종 사인은 약 8200종이 된다.

'사인기본분류표'에서는 죽음을 크게 몸의 바깥에서 발생한 원인에 의한 것과 안쪽에서 생긴 원인에 의한 것으로 나눈다. 병사에는 감염증 등에 의한 죽음이 수십 가지가 있고, 감염증에는 티푸스 등의 병명이 수십 종에 이른다. 또 부위와 증상 등으로 수십 종… 이런 식으로 상세히 나뉜다.

주요 사망원인

일본에서는 사망률이 가장 높은 병을 '3대 질병'이라고 한다. 50~60년 전에는 3대 질병으로 결핵, 폐렴, 뇌졸중이 어깨를 나란히 했다. 한 곳을 치료하면 다른 곳이 터지는, 시대와 질병의 악순환이 이어진다.

일본인의 사망원인 순위

사망원인 가운데 1위는 뭐니 뭐니 해도 '악성신생물=암'이다. 세계적으로도 대개의 선진국에서 암 사망률이 가장 높다. 일본의 경우 사망원인에서 암을 빼면 남성은 4.04세, 여성은 3.01세 평균수명이 늘어난다고 한다.

- 「간이생명표」 「인구동태통계」(2003)

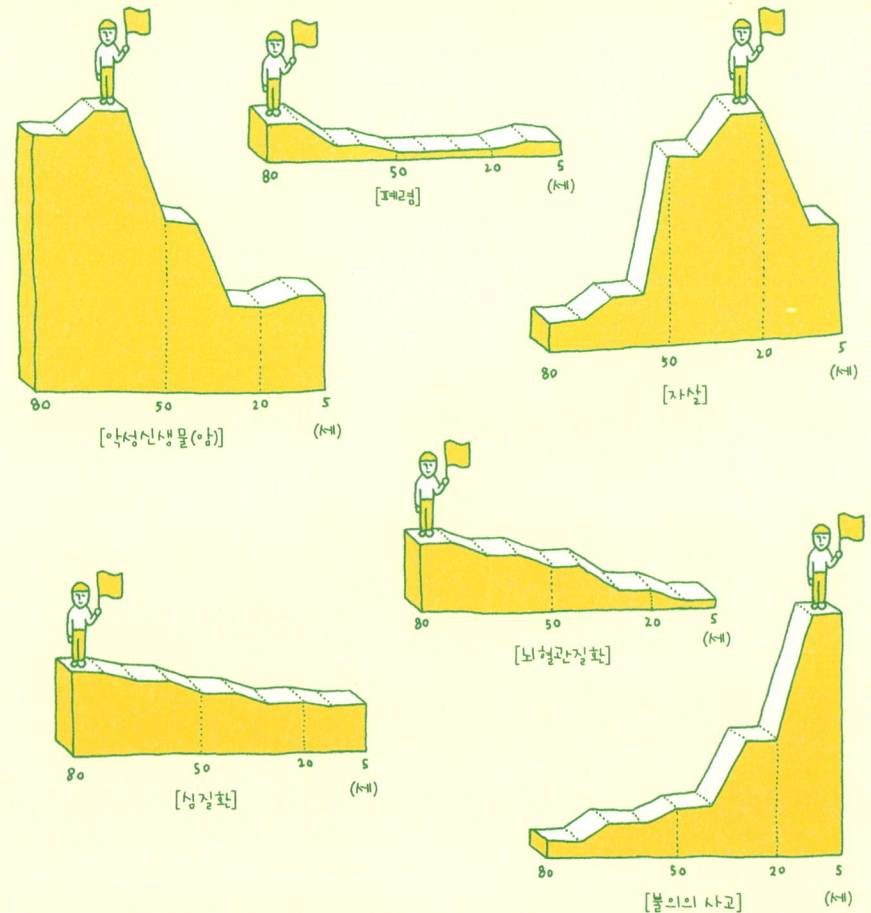

사망원인과 나이 간 힘 관계

주요 사망원인에서의 사망자 수를 세로축, 나이를 가로축으로 해 그림으로 나타냈다. 건강한 젊은이는 질병에 쉽게 걸리지 않는 대신 사고로 사망하기 쉽다. 한창 일할 나이의 직장인에게는 자살이 많다. 연령에 따라 사망원인의 비율이 달라진다.

사망원인과 매일의 마음가짐

나이에 따라 주요 사망원인이 다른 만큼 매일의 마음가짐도 다를 것이다. 젊을 때는 건강보다 즐거움이 우선이고, 중년기에는 마음의 위안이 우선이다. 세상의 움직임에 비춰보면 의외로 잘 맞는 것 같다.

– 「인구동태통계」(2003)

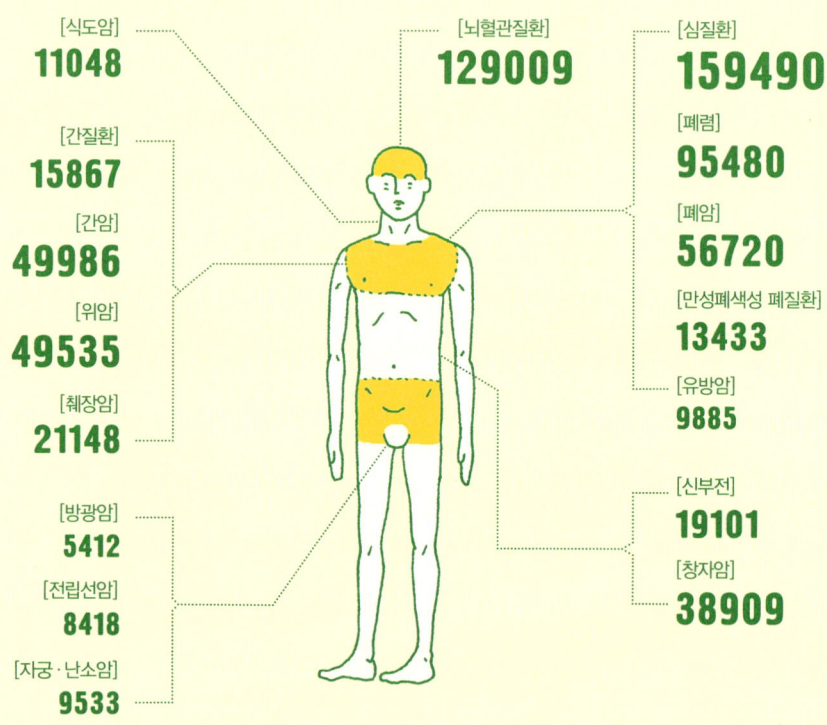

신체 부위별 연간 사망자 수

일본인의 사망률 10위에 드는 질병에 의한 사망자 수와 악성신생물(암)에 의한 사망자 수를 신체 부위별로 분류해 보았다. 피부암과 혈액 질병처럼 전신에 관계하는 건 제외한다.

— 『인구동태통계』(2003)

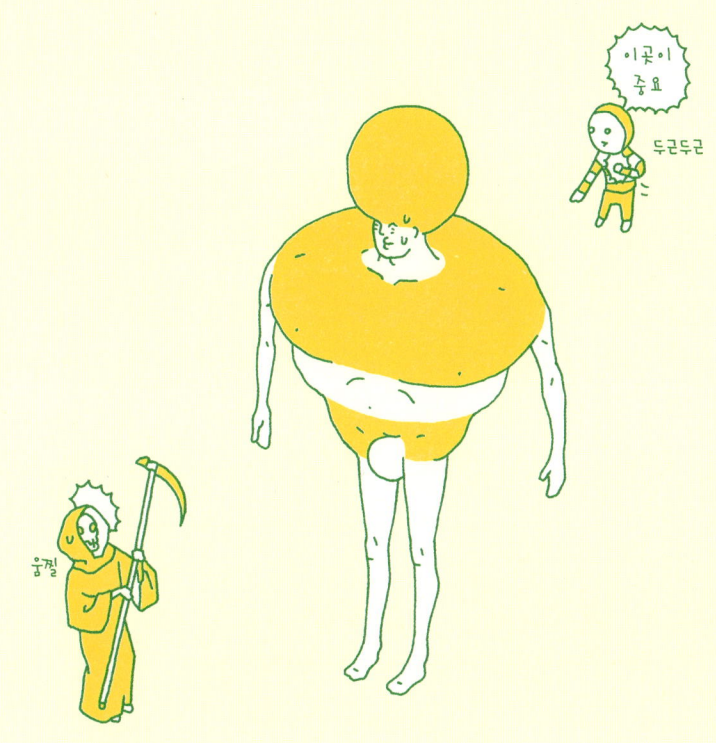

죽음의 호문클루스

신체 부위별 사망자 수를 토대로 크기를 정했더니 이런 인간이 되었다. 이상하게 가슴이 크다. 다음으로 머리가 크다. 몸은 위쪽이 넓고 아래가 좁은 모양이 되었다. 사신의 진짜 모습을 볼 수 있는 눈이 있다면 저런 모습이 보일지도.

"암입니다."

매우 충격적인 말이다.
일본인에게 사망률 1위는 악성신생물(암)이다.
감염증으로 죽는 사람이 감소해 평균수명이 늘었고, 결과적으로 암의 발생률이 증가했다.
현실적으로 '암'에 걸리는 것은 죽음과 마주하는 것이라고 할 수 있다.

일본 전역의 40~69세 남녀 990명을 대상으로 실시한 설문조사 결과를 보면 '암에 걸리면 어떤 경우든 사실을 알고 싶다'는 사람이 전체의 70%에 달했다. 전국의 의사를 대상으로 한 조사 결과에서는 환자에게 암에 걸렸다는 사실을 알리는 고지율이 약 50%였다.
예전에는 환자 본인에게 암에 걸린 사실을 알리지 않는 경우가 많았다.

'암=죽음'이라는 이미지가 강해서 환자에게 알리기 어려운 부분이 있었을 것이다.

암 고지희망률: 2003년에 라이프디자인연구소가 실시한 『말기의료에 관한 의식조사』
암 고지율: 2001년이 아이치현립 아이치병원의 사카모토 준이치 등의 조사결과 (의사 182명을 대상)

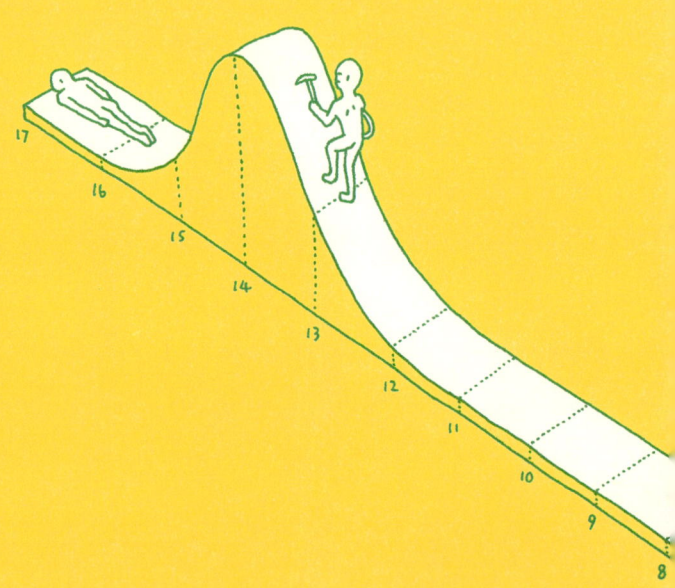

죽음에는 어떤 이야기들이 있을까
THE LEGEND OF DEATH

초등학교 6학년 때 영화배우 미나미노 요코의 열렬한 팬이었다.

시간만 나면 요코와의 이야기를 상상했다.

그중에서 궁지에 처한 요코를 내가 구해내는 스토리를 좋아했다.

영웅이 되려면 자기희생이 필요한 법. 팔을 다치고, 머리에 피를 흘리며 최선을 다했다는 것을 어필한다.

요코는 감동해서 정성을 다해 치료해준다.

좀 더 강렬하게 어필해 요코의 마음을 빼앗고 싶다.

역시, 죽는 수밖에 없어.

내 상상 속의 최고 걸작은 도쿄 대지진 스토리.

나는 고향집이 나가노의 포사 마그나◆에 위치해서 누구보다 빨리 지진을 감지한다.

환마대전★처럼 빛을 뿜으며 하늘을 날아 도쿄로 향한다.

무너지는 건물 앞 요코. 몸을 날려 건물을 떠받치는 나.

무사히 탈출하는 요코를 지켜본 나는 힘이 다해 무너지는 건물에 깔리고 만다.

◆ Fossa Magna, 일본의 주요 지구대의 하나로, 동북일본과 서남일본의 지질학적 경계가 되는 지역
★ 대우주의 파괴자 환마 습격에 맞서는 초능력자들의 대장정을 그린 애니메이션

미나미노 요코를 구하고 죽는 건 멋진 일이다.

어린 마음에 그렇게 생각했다.

죽음에 대해 순위를 매기거나 평가하는 것은 바람직하지 못하다고 여긴다.

그러나 역시 죽음에는 좋은 죽음, 나쁜 죽음, 멋진 죽음, 촌스러운 죽음이 있다.

죽음의 이미지는 죽기 전까지의 이야기가 만든다.

죽기 전까지의 이야기는 자신이 살아온 인생이라고 할 수 있다.

애석하다 여길까, 바보 같다고 동정할까.

자신의 죽음을 생각할 때 가장 의식하게 되는 것은 역시 자신의 이야기다.

세상에는 실화든 픽션이든 많은 죽음이 언급된다.

여기서는 많은 사람이 어떻게 살았고 어떻게 죽었는지 모아보았다.

[대신해서]

[좋아하는 사람의 품에서]

[지켜보는 가운데]

[강한 상대에 맞서서] [고독하게]

[질주하다가]

[기력이 다해서] [몸을 던져서]

왠지 멋진 죽음

➜ 고타마 싯다르타(부처)

[모든 가르침을 설파하고 천수를 누리다]

불교의 시조. 기원전 463년에 태어났다. (정확한 것은 알 수 없다) 왕족의 신분과 편한 삶을 버리고 출가. 35세에 깨달음을 얻은 후, 많은 제자에게 가르침을 남기고 죽었다. 향년 80세.

★ 석가의 10대 제자 중 하나.
◆ 석가의 가르침으로 자신의 교만을 깨달은 여성.

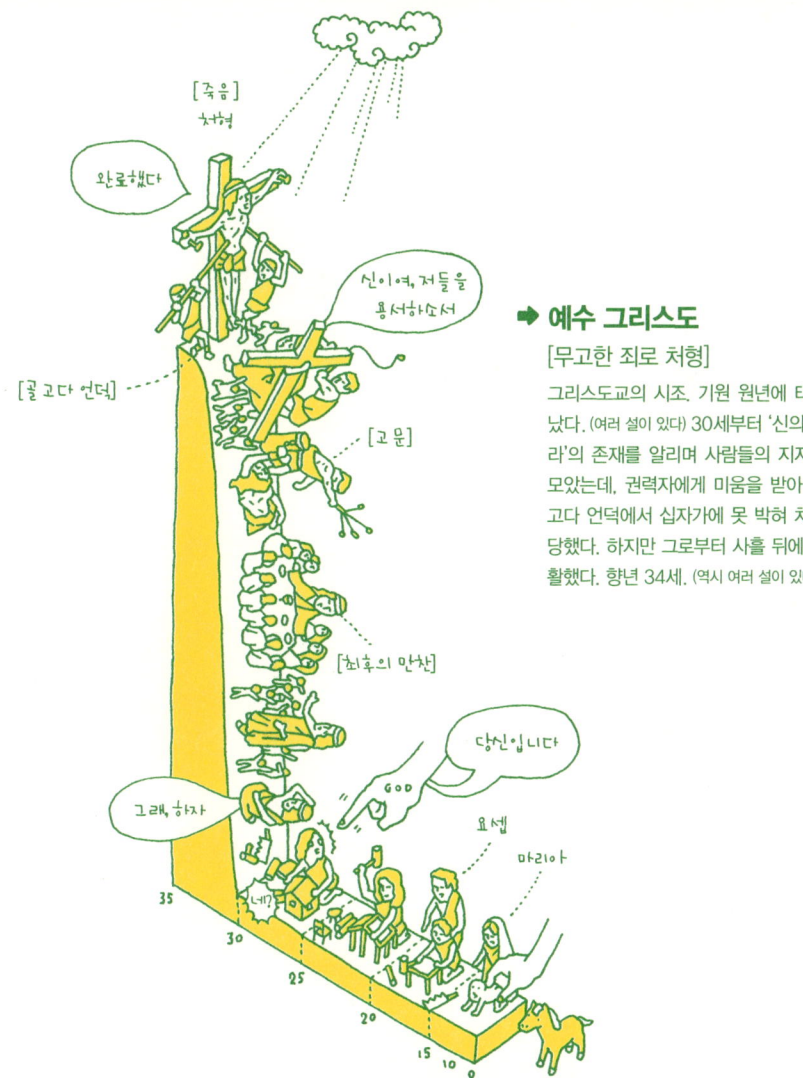

➡ 예수 그리스도

[무고한 죄로 처형]

그리스도교의 시조. 기원 원년에 태어났다. (여러 설이 있다) 30세부터 '신의 나라'의 존재를 알리며 사람들의 지지를 모았는데, 권력자에게 미움을 받아 골고다 언덕에서 십자가에 못 박혀 처형당했다. 하지만 그로부터 사흘 뒤에 부활했다. 향년 34세. (역시 여러 설이 있다)

➡ 오다 노부나가

[천하를 쟁취하고 죽다]

1534년 오와리에서 태어났다. 소년 시절에는 기행을 반복했는데, 25세부터 일본 내 적을 제거. 부하에게 배신당해 자살하기까지 최고 권력에 가장 가까운 남자였다. 향년 48세.

◆ 무(武)로 세상을 취하겠다는 의미로 오다 노부나가가 사용했던 인장의 인문.
★ 미쓰히데의 반역으로 노부나가는 혼노지에서 자결한다.

➡ 도요토미 히데요시

[최고 자리에 뛰어올랐다가 죽다]

1536년 오와리에서 태어났다. 집안은 가난했지만 행동력과 지혜로 오다 노부나가가 죽은 뒤 일본제일의 실력자가 되었다. 조선을 침략하는 과정에서 병사했다. 향년 62세.

♥ 히데요시가 죽을 때 남긴 말. 나니와는 지금의 오사카 부근.

➡ 도쿠가와 이에야스

[천하를 태평하게 하고 죽다]

1542년 미카와에서 태어났다. 목숨이 위태로운 인질 생활로 위축되어 자랐다. 노부나가, 히데요시가 걸은 길을 이었는데 결국 혼자 최후의 승리를 거뒀다. 에도막부를 아들에게 넘기고 죽었다. 향년 74세.

▲ 에도막부가 도요토미 가문을 공격해 멸망시킨 전투. 겨울과 여름으로 나뉘어 벌어졌다.
✱ 도쿠가와 이에야스가 죽을 때 남긴 말.

111

➡ 사카모토 료마

[유신 중에 죽다]

도사번의 하위무사. 1835년 도사에서 태어났다. 사이가 나쁜 사쓰마번과 조슈번, 양대 세력을 중재해 막부를 쓰러뜨리는 신세력을 모으는 데 성공. 그러나 메이지유신 직전, 누군가에게 암살당했다. 향년 32세.

◆ 나카오카 신타로. 사카모토 료마와 뜻을 같이 하다가 교토에서 료마를 방문하는 중에 막부 순찰대의 습격으로 사망한다.
★ 료마의 스승이자 고급관리

➡ 미야모토 무사시

[무패로 영면]

병법가. 1584년 미마사카국에서 태어났다. 검술가 집안에서 태어나 30세까지 약 60회의 결투에서 이겼다. 사사키 고지로와의 결투 후 은퇴. 만년에는 은거생활을 하다 조용히 사망. 향년 61세.

➡ 노구치 히데요

[세균학자로 병사]

세균학자. 1876년 후쿠시마현에서 태어났다. 어려서 왼팔에 화상을 입었을 때 명의에게 치료받은 일이 계기가 되어 의사를 꿈꾼다. 황열병 백신을 개발해 남미의 황열병을 퇴치했으나 아프리카 황열병에는 효과가 없어서 자신이 감염되었다. 향년 51세.

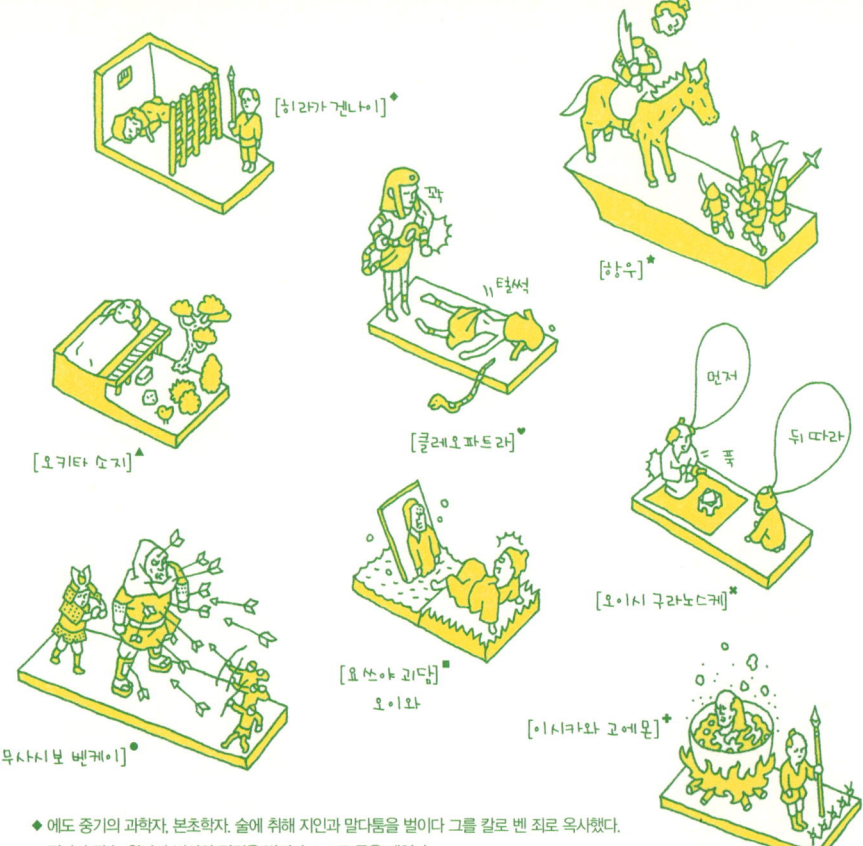

- ◆ 에도 중기의 과학자, 본초학자. 술에 취해 지인과 말다툼을 벌이다 그를 칼로 벤 죄로 옥사했다.
- ★ 진나라 장수. 한나라 병사와 접전을 벌이다 스스로 목을 베었다.
- ♥ 독사가 가슴을 물게 해 자살했다.
- ▲ 에도시대 무사집단의 대장. 전투에서 낙오해 신하가 정원사로 숨겨주었으나 사망한다. 폐결핵을 앓았다는 등 여러 가지 설이 있다.
- ✱ 무사. 억울하게 죽은 주군의 복수를 하고 가신들과 할복자살한다.
- ● 무장. 최후까지 주군을 지키다 전사했다.
- ■ 일본의 손꼽히는 괴담. 가부키극 가운데 하나. 다미야이에몬은 출세를 위해 아내 오이와의 독살을 꾀하는데, 죽은 오이와의 혼령에 의해 파멸한다.
- ✚ 도적. 끓는 기름 솥에 던져져 처형당했다.

★ 주인공 청년에게 마작 기술을 전수하는 노인으로, 승부 도중 죽어 도랑에 던져진다.
◆ 벤허를 죽이려 음모를 꾸미지만 경주 도중 자신이 전차 바퀴와 말발굽에 밟혀 죽는다.

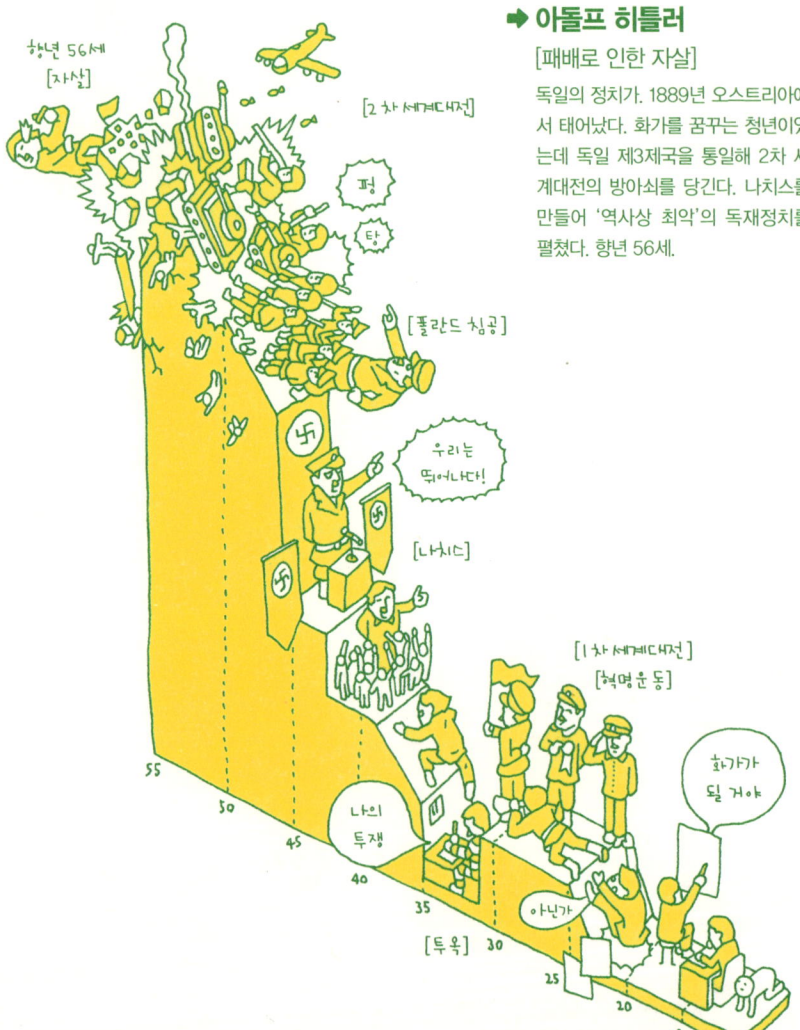

➜ 아돌프 히틀러

[패배로 인한 자살]

독일의 정치가. 1889년 오스트리아에서 태어났다. 화가를 꿈꾸는 청년이었는데 독일 제3제국을 통일해 2차 세계대전의 방아쇠를 당긴다. 나치스를 만들어 '역사상 최악'의 독재정치를 펼쳤다. 향년 56세.

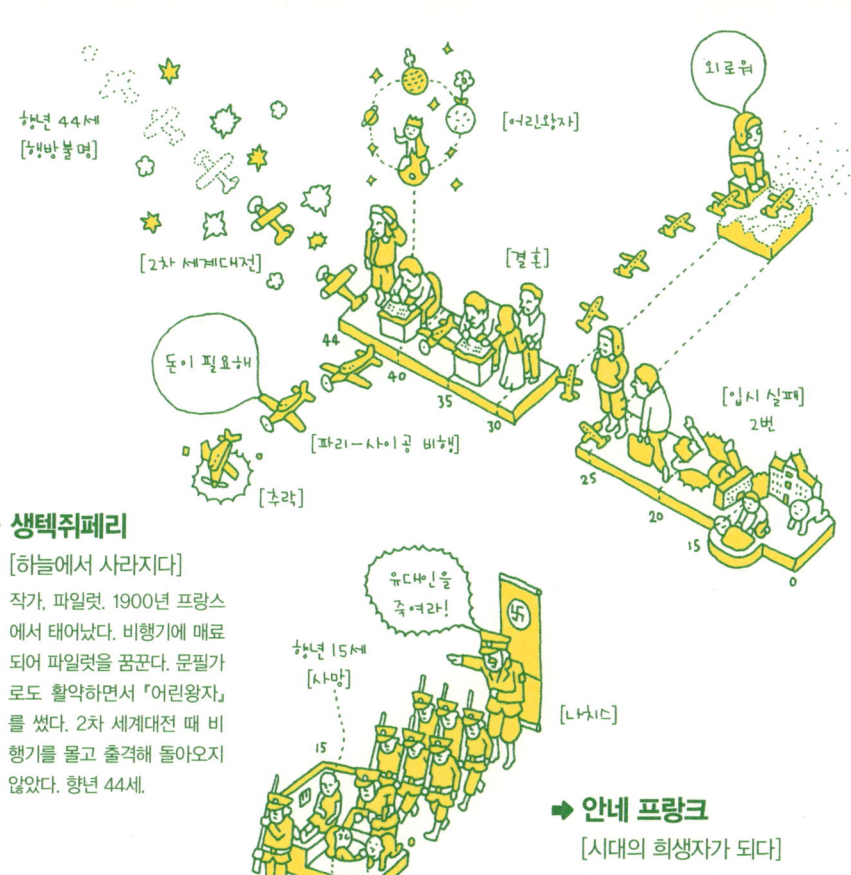

➡ 생텍쥐페리

[하늘에서 사라지다]

작가, 파일럿. 1900년 프랑스에서 태어났다. 비행기에 매료되어 파일럿을 꿈꾼다. 문필가로도 활약하면서 『어린왕자』를 썼다. 2차 세계대전 때 비행기를 몰고 출격해 돌아오지 않았다. 향년 44세.

➡ 안네 프랑크

[시대의 희생자가 되다]

『안네의 일기』저자. 1929년 독일에서 태어났다. 유대인이었기 때문에 나치스의 박해를 피해 네덜란드로 몸을 피한다. 2년 후 밀고를 당해 강제수용소에서 사망. 종전 한 달 전이었다. 향년 15세.

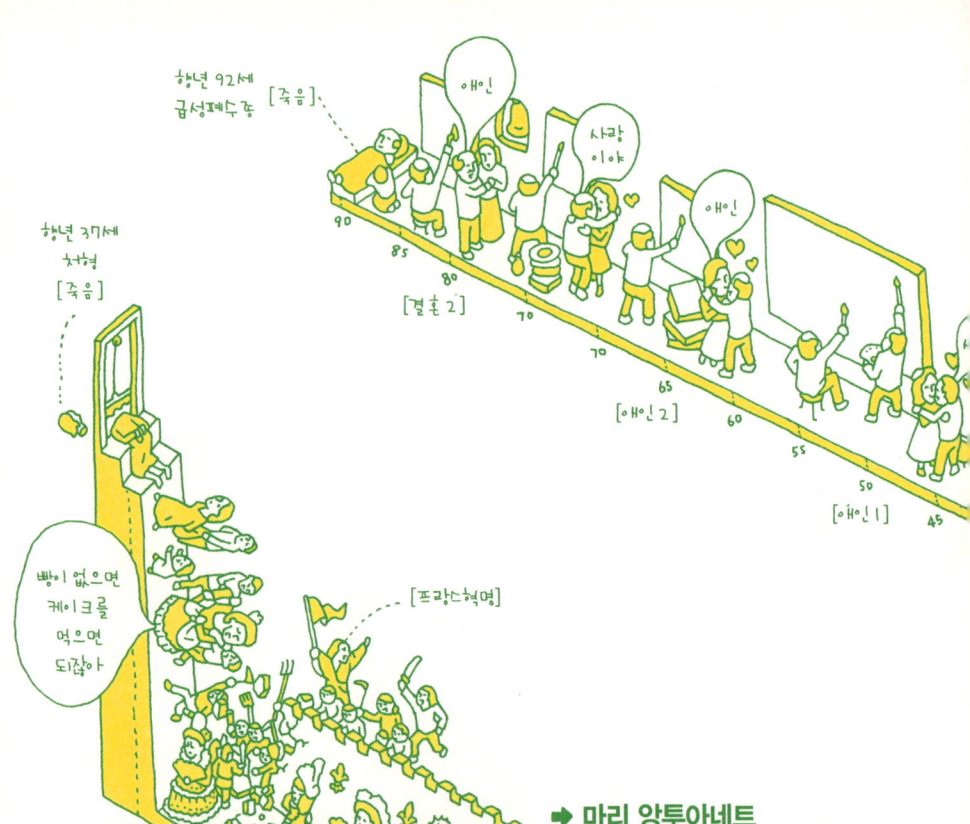

➡ 마리 앙투아네트
[궁전에서 단두대로]

프랑스 왕비. 1755년 오스트리아에서 태어났다. 프랑스 왕가로 시집와 사치를 부리며 호화롭게 살았다. 공화제를 원하는 가난한 국민들이 일으킨 프랑스혁명으로 남편인 루이 16세와 함께 단두대에서 처형되었다. 향년 37세.

➡ 잔 다르크

[마녀로 화형당하다]

프랑스의 성녀. 1412년 프랑스에서 태어났다. 영국과 백년전쟁을 벌이던 시대에 '나라를 구하라'는 하늘의 소리를 듣고 프랑스군의 병사가 된다. 오를레앙을 되찾아 구세주가 되는데, 포로로 잡혀 화형에 처해진다. 향년 19세.

➡ 피카소

[마지막까지 인생 만끽]

화가. 1881년 스페인에서 태어났다. 세간의 비난에 꺾이지 않고 상식을 뒤집는 새로운 작품을 만들어냈다. 창작, 연애 전부 시들지 않는 열정으로 죽음 직전까지 폭주한 인생. 향년 92세.

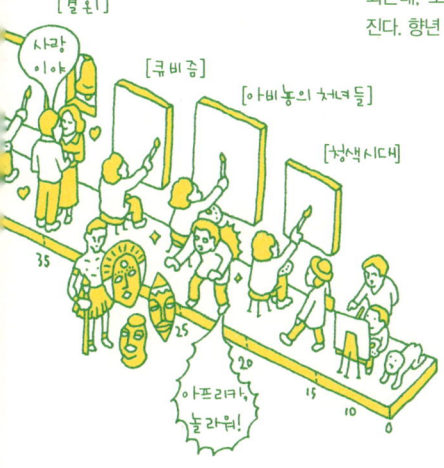

- 훈련비행 중 매버릭의 전투기가 고장을 일으키고 동료 구스가 목숨을 잃는다.
- 생모의 죽음을 알고 자금성 밖으로 나가려 했을 때 황제인 자신의 명령에도 문을 열지 않자 분노를 주체하지 못하고 주머니에 넣고 다니던 하얀 쥐를 문에 던진다.

✱ 드라마 속 시바타 준 형사. 청바지에 청재킷을 즐겨 입어서 지팡(진 팬츠의 일본식 발음)이라는 별명이 붙었다.

▲ 평범한 이발사 도요마쓰는 소집영장을 받고 전쟁터로 나가는데, 종전 후 포로를 살해했다는 죄로 사형 선고를 받는다. 처형 날을 기다리며 "인간으로는 두 번 다시 태어나고 싶지 않다. 다시 태어난다면 깊은 바다 밑의 조개가 되고 싶다"고 했다.

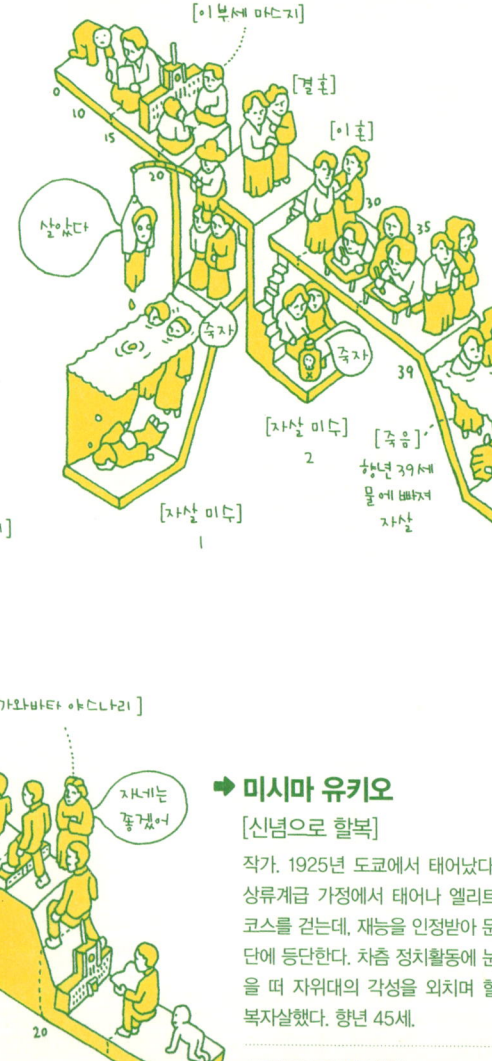

➡ 다자이 오사무

[애인과 자살로 굿바이]

작가. 1909년 아오모리현에서 태어났다. 문학에만 전념해 대학 입학 후 바로 창작 활동을 시작했다. 애인과 동반 자살 미수, 자살 미수를 반복하면서 걸작을 완성했다. 세 번째, 결국 애인과 함께 목숨을 끊었다. 향년 39세.

➡ 미시마 유키오

[신념으로 할복]

작가. 1925년 도쿄에서 태어났다. 상류계급 가정에서 태어나 엘리트 코스를 걷는데, 재능을 인정받아 문단에 등단한다. 차츰 정치활동에 눈을 떠 자위대의 각성을 외치며 할복자살했다. 향년 45세.

★ 미시마가 결성한 사병대

➡ 데즈카 오사무

[최고를 완주]

만화가. 1928년 오사카에서 태어났다. 의사와 만화가, 두 길을 걷다가 만화를 선택해 일본의 만화·애니메이션계의 최고가 된다. 쉬지 않고 일을 해서 암에 걸렸어도 일을 우선한, 만화에 목숨을 건 생애였다. 향년 60세.

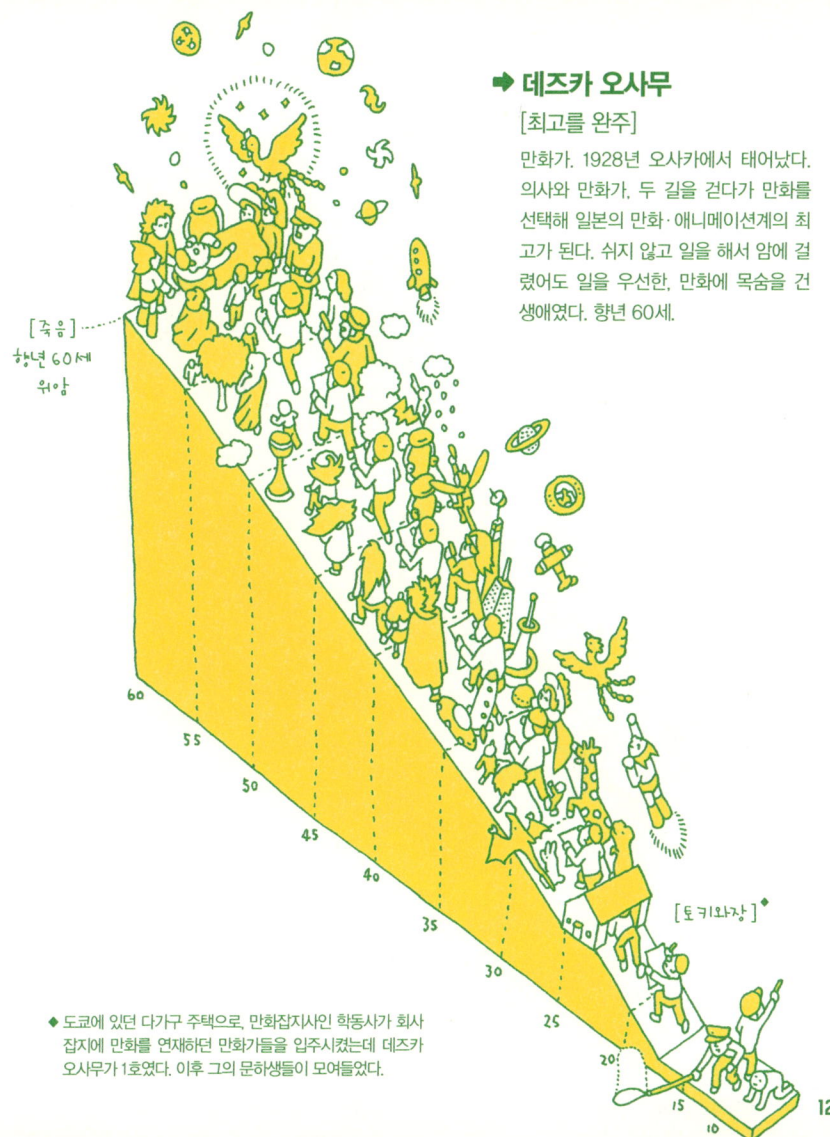

[죽음]
향년 60세
위암

[토키와장]

◆ 도쿄에 있던 다가구 주택으로, 만화잡지사인 학동사가 회사 잡지에 만화를 연재하던 만화가들을 입주시켰는데 데즈카 오사무가 1호였다. 이후 그의 문하생들이 모여들었다.

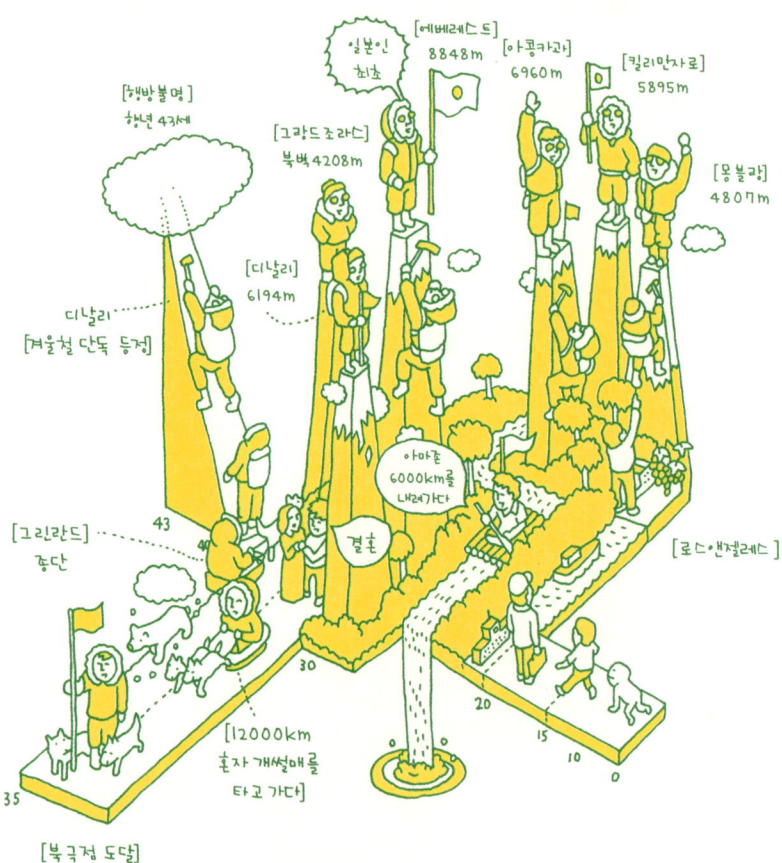

➜ 우에무라 나오미

[디날리산에서 죽다]

모험가. 1941년 효고현에서 태어났다. 세계 최초로 오대륙의 최고 봉을 전부 정복. 세계적인 모험에 도전해 세계 최초 디날리산 겨울철 단독 등정에 성공한 직후 소식이 끊겼다. 향년 43세.

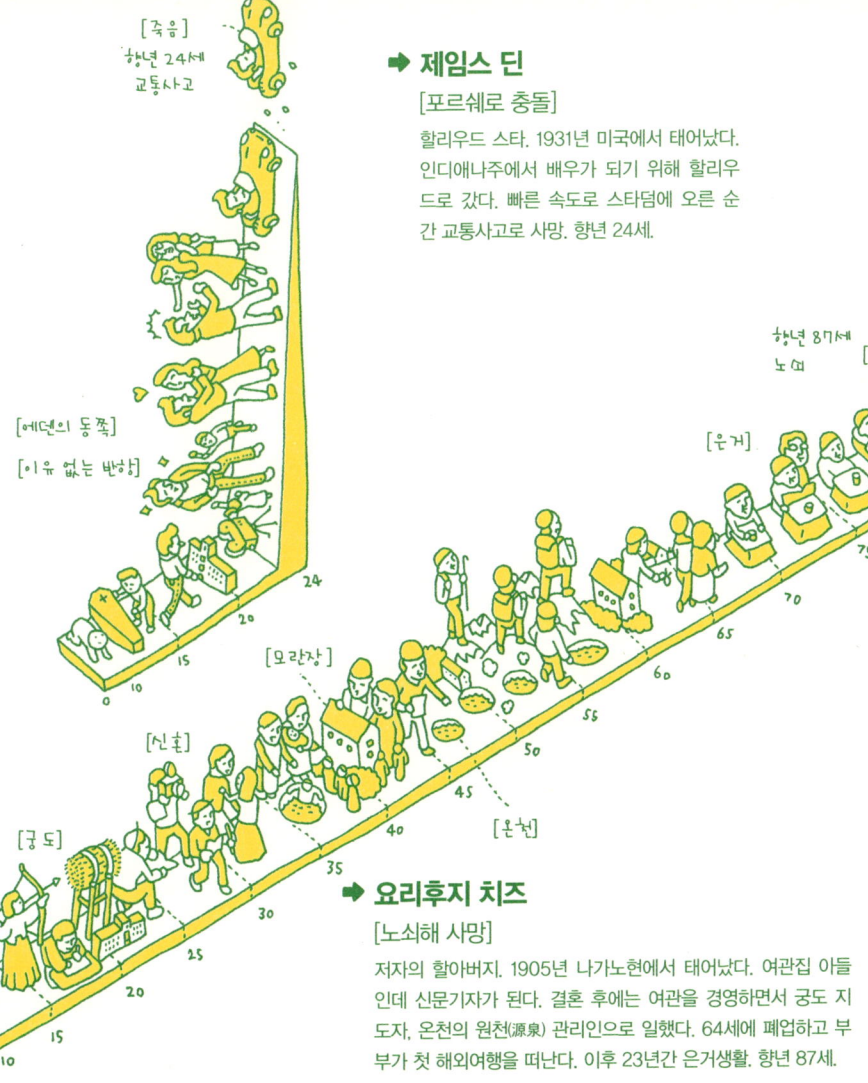

➜ 제임스 딘

[포르쉐로 충돌]

할리우드 스타. 1931년 미국에서 태어났다. 인디애나주에서 배우가 되기 위해 할리우드로 갔다. 빠른 속도로 스타덤에 오른 순간 교통사고로 사망. 향년 24세.

➜ 요리후지 치즈

[노쇠해 사망]

저자의 할아버지. 1905년 나가노현에서 태어났다. 여관집 아들인데 신문기자가 된다. 결혼 후에는 여관을 경영하면서 궁도 지도자, 온천의 원천(源泉) 관리인으로 일했다. 64세에 폐업하고 부부가 첫 해외여행을 떠난다. 이후 23년간 은거생활. 향년 87세.

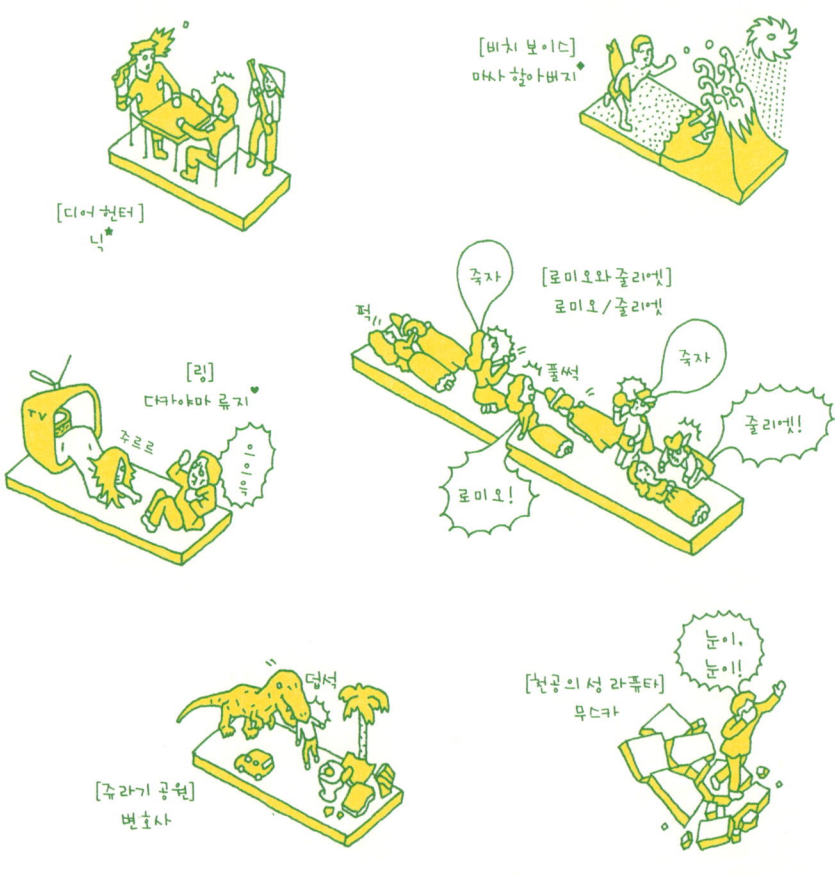

★ 권총을 머리에 대고 쏘는 러시안 룰렛 게임을 하다가 죽는다.
◆ 민박집 주인으로, 옛날에는 서퍼였다. 태풍이 몰아치던 날 서핑을 즐기기 위해 바다로 나갔다가 돌아오지 않았다.
♥ 방송국 기자 아사가와의 전 남편. 공포를 이기지 못하고 심장마비로 죽는다.

- 스파이더맨을 죽이려다 고블린 글라이더에 자신이 찔려서 죽는다.
- 여기자 로니에게 자신을 죽여달라고 부탁한다.
- 농장에서 손자와 쉬던 중 심장발작으로 쓰러져 병원에 이송되던 중 죽는다.
- 결핵환자이며 절름발이로, 플로리다행 버스에서 숨을 거둔다.

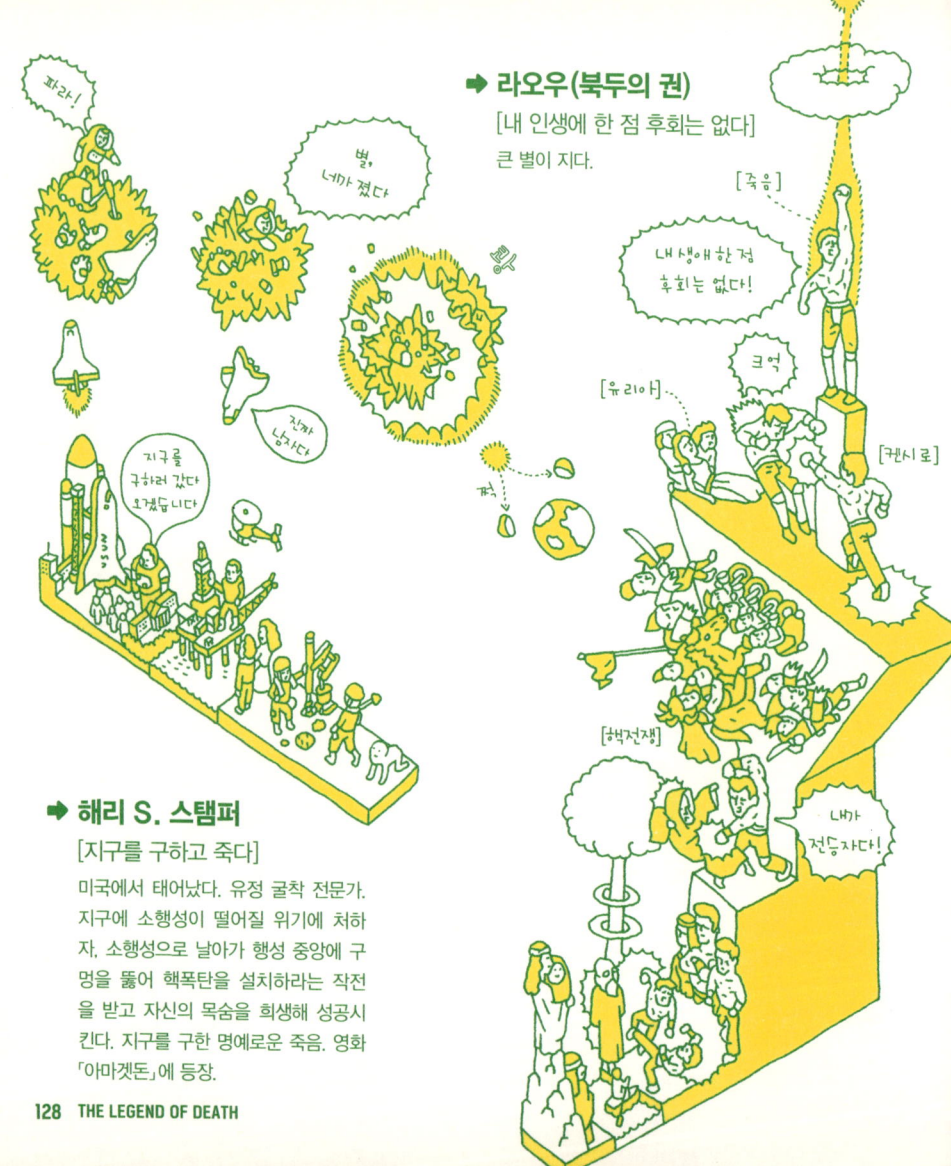

➡ 충견 하치공

[주인을 기다리다 영원히 잠들다]

충견. 1923년 아키타현에서 태어났다. 도쿄제국대학 우에노 히데사부로 교수의 사랑을 받으며 자란 하치. 교수가 죽은 후에도 주인을 기다리기 위해 시부야역에 다니다 9년째 되던 해에 역에서 죽었다. 11세.

➡ 아기여우 곤

[마음을 전하지만 죽는다]

사냥꾼 효주의 집에서 장어를 훔친 곤은 자신의 잘못을 사과하기 위해 매일 효주의 집에 밤과 송이버섯을 가져다 놓는데, 효주는 그 사실을 모르고 곤을 쏴 죽인다. 그때 효주는 모든 것을 알게 된다. 니미 난키치의 동화.

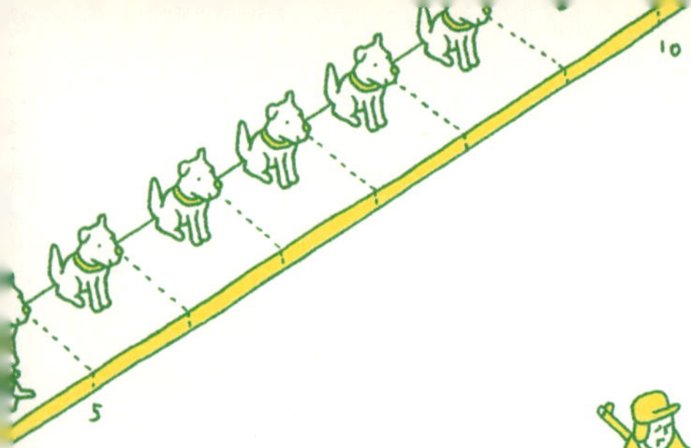

➡ 빨간모자의 늑대

[복수당해 죽다]

프랑스에서 태어났다. 빨간모자와 할머니를 잡아먹는데 낮잠을 자는 동안 지나가던 사냥꾼이 그의 배에서 두 사람을 꺼내고 대신 돌을 채워 넣었다. 배가 무거워 사망.

➡ 그레고르 잠자

[벌레로 죽다]

체코에서 태어났다. 외판원으로 일하며 집안의 생계를 책임졌다. 어느 날 아침 갑자기 자신이 독충으로 변한 것을 알게 된다. 생활은 완전히 바뀌어서 가족에게 불편을 주는 존재가 되고, 결국 쇠약해져 죽는다. 프란츠 카프카의 소설 「변신」에 등장.

➡ 오필리아

[평온하게 익사하다]

13세기 덴마크에서 태어났다. 왕자 햄릿의 연인. 살해당한 왕의 복수를 맹세한 왕자는 미치광이처럼 변하고, 그가 자신의 아버지까지 살해했다는 사실에 정신이 나가 강물에 몸을 던진다. 희곡 『햄릿』에 등장.

➡ 네로(플랜더스의 개)

[조용히 동사하다]

벨기에에서 태어났다. 그림을 좋아하는 소년. 할아버지와 애견 파트라슈와 행복하게 지내는데 끝내 천애 고아가 된다. 마지막에 염원했던 루벤스의 그림을 보고 하늘로 여행을 떠난다.

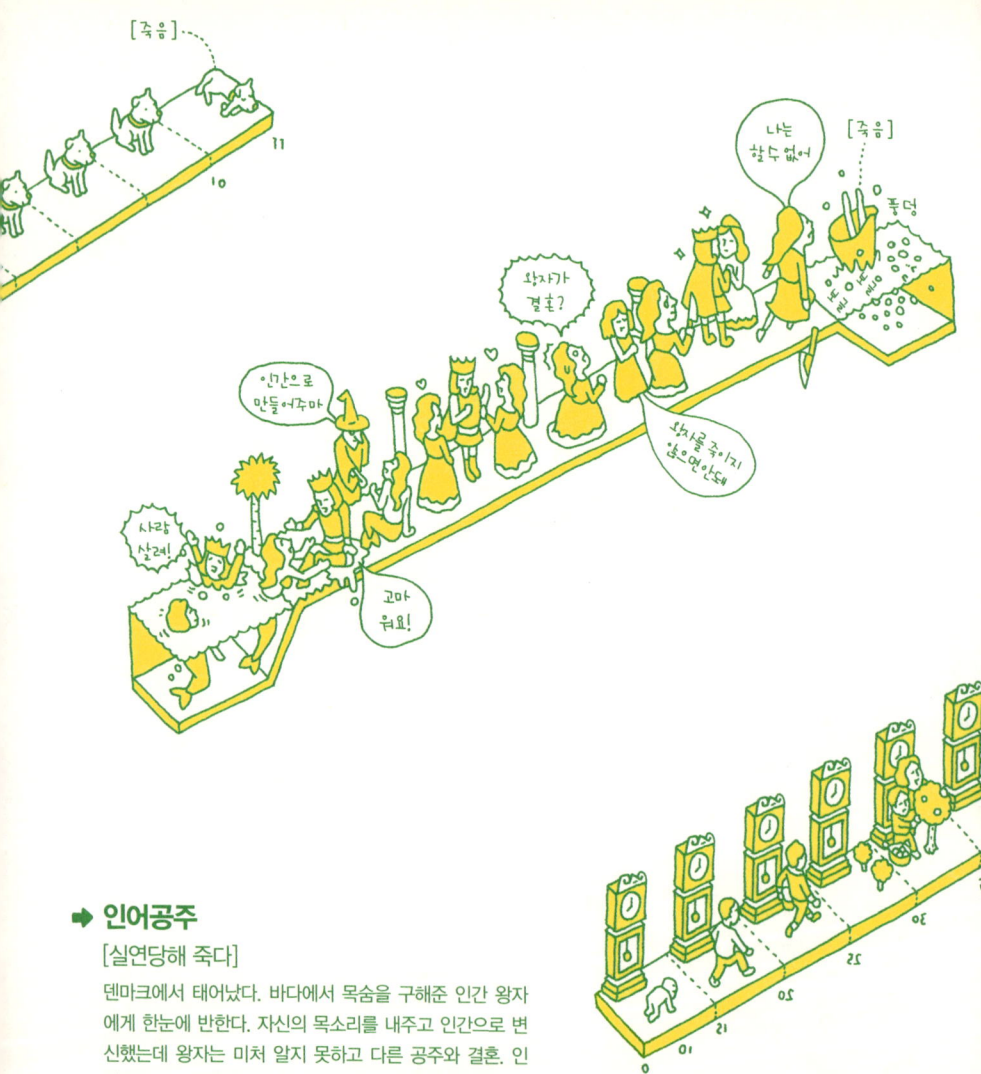

➡ 인어공주

[실연당해 죽다]

덴마크에서 태어났다. 바다에서 목숨을 구해준 인간 왕자에게 한눈에 반한다. 자신의 목소리를 내주고 인간으로 변신했는데 왕자는 미처 알지 못하고 다른 공주와 결혼. 인어공주는 바다의 물거품이 되어 사라진다. 북유럽 동화.

➡ 할아버지의 낡은 시계

[노쇠]

할아버지가 태어난 날 아침, 집에 온 시계와 함께 살아온 100년. 낡은 시계가 마지막 종을 울릴 때 할아버지도 눈을 감는다. 미국 동요에 등장.

➡ 성냥팔이 소녀

[행복하게 동사하다]

덴마크에서 태어났다. 크리스마스 밤, 가난한 소녀는 성냥을 팔러 다닌다. 사는 사람은 없고 배고픔과 추위에 힘이 빠진다. 추위에 견디다 못해 길모퉁이에서 성냥을 긋자 할머니가 나타나고 소녀는 따뜻하게 할머니와 함께 천국으로 간다.

일본의 영화 배급 수입 순위 20위 가운데 사람이 죽는 스토리가 얼마나 되는지 비율을 조사해보았다.◆

약 90%.

어린이 영화를 제외하면 거의 전부다.
또, 그 가운데 50%는 많은 사람이 죽는 스토리다.

사람이 죽지 않는 나라에서는 이야기 속에서 사람이 죽는다.

숫자로 보면 모두 사람의 죽음을 좋아하는 것 같다.
일본에서 보는 영화의 대부분은 선진국에서 만들어졌다.
이란이나 인도 같은 나라의 영화에는 사람이 많이 죽는 스토리가 없다.
사람이 죽지 않는 나라에서는 현실의 죽음을 생각할 기회가 없는 대신 죽음에 관한 이야기를 통해 죽음을 생각하려는 것일지도 모른다.

◆ 배급 수입이 발표되었던 1999년까지의 역대 순위다. (2000년 이후는 흥행 수입으로 집산되기 때문)

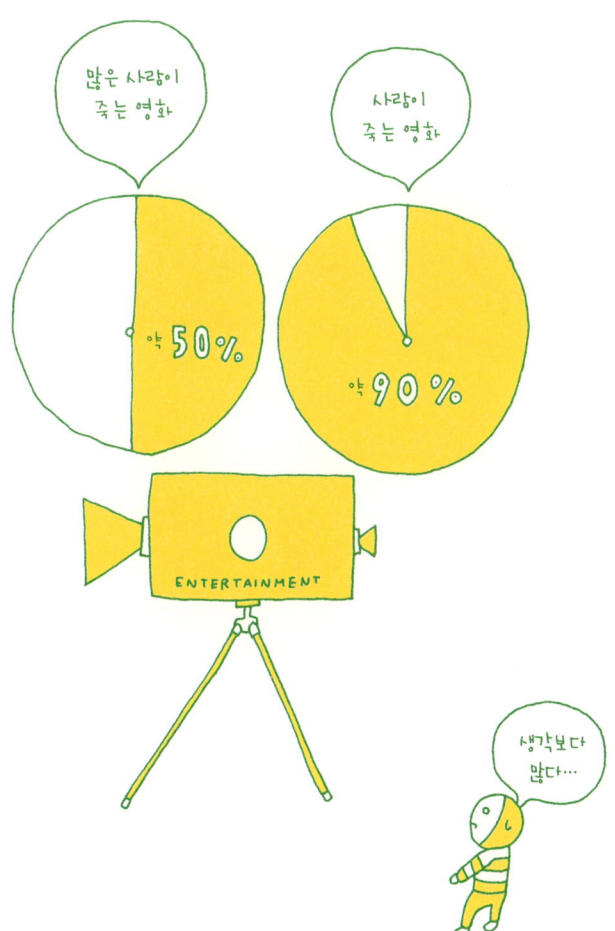

늦은 밤, NHK 교육방송에서 스님이 설법하는 프로를 보면 자연스럽게 채널을 고정하고 시청한다.

"죽음은 멀리 있지 않습니다. 바로 곁에 있어요."

굳이 그렇게 말하지 않아도 죽음은 항상 가까이 있다.
죽음과 관련한 뉴스가 보도되지 않는 날이 없고, 만화, 영화, 드라마, 게임 어디에나 죽음은 있다.
그것을 돈을 내고 즐기고, 안주 삼아 떠들어댄다.
죽음이 갖는 힘을 빌려서 자극과 감동을 즐기려는 이야기도 많다.

죽음 = 이야기가 아니다.

이미 있는 죽음 이야기에 자신의 죽음을 끼워 맞춰도 재미는 있을지 모르지만 공상에 불과하다.
자신이 죽으면 어떤 이야기가 될까.
그것은 또 다른 이야기일 것이다.

다시 삶으로
THE WILL OF DEATH

"내일 지구가 폭발하면 어떻게 할까?"

누구나 한 번은 친구와 그런 이야기를 나눈 적이 있을 것이다.
좋아하는 사람과 평소대로 지낼 거라는 사람도 있었고, 폭발 직전에 스스로 목숨을 끊겠다는 사람도 있었다.

지금의 자신이나 죽음을 앞둔 자신이나 똑같다.

자신이 죽는다는 사실을 알았다고 해서 성격이 극적으로 달라지는 것도 아니고, 갑자기 큰 깨달음을 얻는 것도 아니다. 지구 폭발을 생각하는 것과 자신의 죽음을 생각하는 것에는 큰 차이가 있다.
한편으로는 실제 죽음을 앞두었을 때 어떻게 될지 모른다는 불안도 있다.
죽음을 앞둔 사람은 어떤 태도를 취하는지 대략적이지만 조사해보았다.

죽음에 대한 태도

죽는다는 사실을 알았을 때 사람에 따라 보이는 태도는 다양하다. 그 태도에는 몇 가지 경향이 있다. 여기서는 그 경향을 그림으로 나타내보았다.

– 곤도 히로시의 『자신의 죽음에 대비하다』, 엘리자베스 퀴블러 로스의 『죽음과 죽어감』・『죽음 그리고 성장』을 참고했다.

※ 나이 드는 것을 싫어한다.

※ 가족의 죽음을 인정할 수 없다.

[인정하지 않는 사람]

나이 드는 것이 싫어서 노화 방지에 열심이거나 영원한 삶을 추구하는 사람. 소중한 사람의 죽음을 인정하지 못해 연명처치에 집착하는 경향이 많다.

[두려워하는 사람]

사람인 이상 죽음을 두려워하는 것은 당연하다. 단, 필요 이상으로 두려워해서 자신의 죽음을 생각하지 않거나 한순간에 죽겠다는 이상을 꿈꾼다.

[도망치는 사람]

애당초 죽음을 생각하지 않고 자신은 영원히 살 수 있다고 믿는 사람. 일과 눈앞의 즐거움에 빠져서 죽음을 마주했을 때 큰 충격을 받는다.

[포기하는 사람]

소극적으로 죽음을 인정하는 사람. 죽음은 운명, 혹은 보이지 않는 힘이라고 생각해서 죽음과 대면했을 때 삶을 포기하기 쉽다. 일본인에게서 많이 볼 수 있는 것 같다.

[해방이라고 생각하는 사람]

죽음을 현재의 고통에서 해방되는 일이라고 생각하는 사람. 스스로 목숨을 끊는 사람에게 많다고 한다. 그중에서도 자신의 죄의식을 지우고 싶어서 죽는 사람이 많다.

[남을 위해 죽을 수 있는 사람]

매우 보기 드문 경우. 가장 유명한 예가 예수다. 나치 수용소에서 남을 대신해 죽은 신부처럼 전설이 되어 회자되는 경우도 많다.

[받아들이는 사람]

죽음을 자신의 마지막 일로 받아들이고 끝까지 신념을 잃지 않는 사람. 적극적으로 죽음을 받아들여서 평온하게 마지막 순간을 맞는 경우가 많다.

회사 일에 열중하다 집에 돌아가지 않거나, 재미있는 일을 놓치지 않으려고 항상 즐거운 일이나 특이한 대상을 찾는다.

그렇게 하는 것이 당연하고 그래야만 충실한 인생이라고 생각했다.

그런데 그렇게 사는 사람이 죽음을 대하는 태도를 보니 '죽음에서 도망치는 사람'이었다.

죽음을 모르는 것이 아니라 죽음에서 도망쳤다.

죽음에 대해 배운 적이 없다. 본 적이 없다. 죽음이 익숙하지 않은 세상에서 살고 있다.

그래서 내가 죽음에 대해 모른다고 생각했다.

그러나 사실은 스스로 알고 싶지 않았던 것뿐이다.

죽음은 그 전의 삶이 지진해일처럼 덮쳐온다.

죽음을 앞두고 그 사람 안에 있던 추억, 감정 등 온갖 것들이 응축된다.

죽음과 마주하는 것은 자신의 삶과 마주하는 것이다.

자신이 살아온 삶이 지금 갑자기 지진해일처럼 몰려오면 압사당해 죽고 만다.
그렇다고 해서 무엇을 어떻게 해야 하는지도 알 수 없다.
책과 자료를 봐도 거기까지는 나와 있지 않다.

'당장 할 수 있는 거라곤 오늘은 카레가 맛있게 됐다', '이 성공은 그때의 실패 덕분이었다' 하는 식으로 생활 속에서 일어난 일을 잘게 바수고 연결해 자기방식대로 차곡차곡 개어가는 정도가 아닐까.

매일 조금씩 개어 정리해둔다.

그리고 가끔씩 죽음 편에서 지금의 자신을 돌아본다.
죽음을 앞두고 자신의 삶이 짓눌리지 않도록 가능한 한 똑바로 죽음을 향해 매일의 삶을 차곡차곡 개어간다.
별 것 아니지만 그렇게 마음먹고 사는 것이 지금 내가 할 수 있는, 죽음과 가까워지는 방법이라고 생각했다.

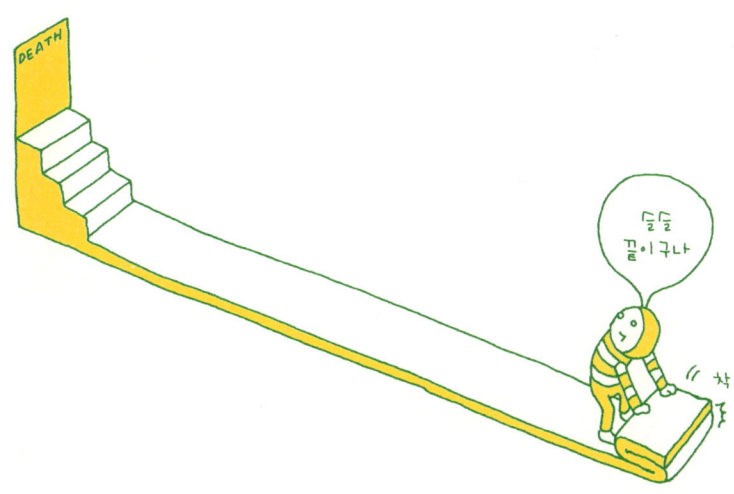

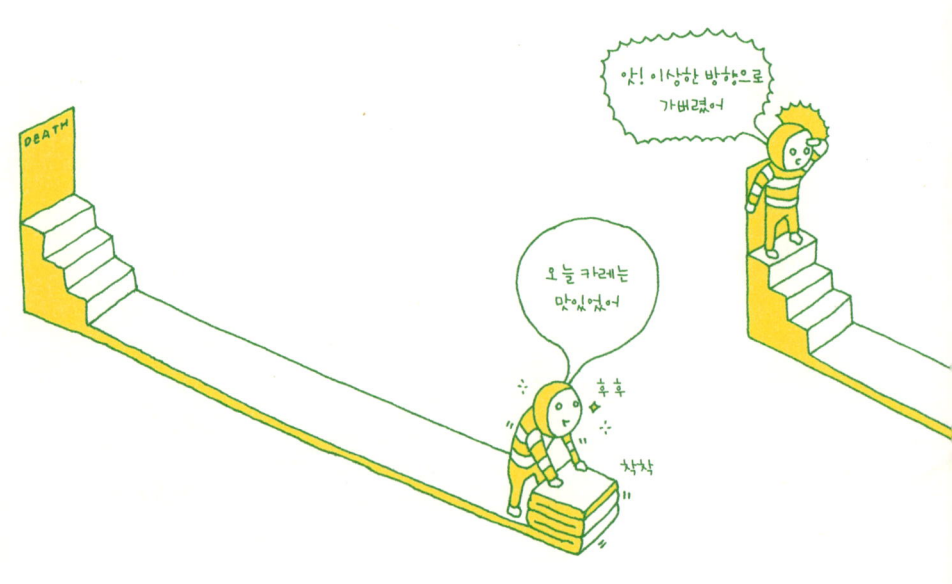

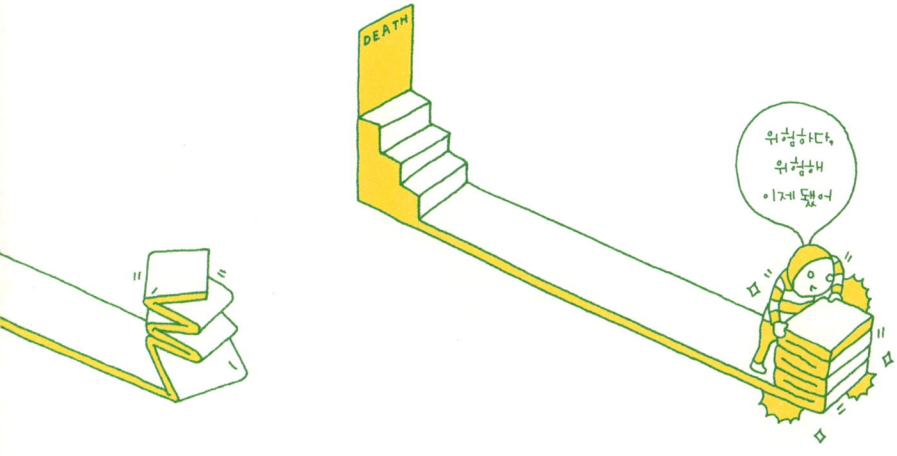

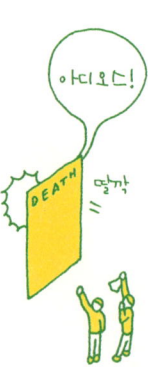

에필로그

미처 몰랐는데 이 책을 쓰기 시작한 지 벌써 2년이 넘었다.

'그럴지 모른다', '그런 것 같다' 하는 애매한 내용임에도 2년이 넘는 시간이 걸렸다. 좀 더 명확한 결론과 발견을 얻을 수 있지 않을까 했지만, 결론은 '어떻게 해야 좋을지 모르겠다'였다.

죽음에 관해 설명한 좋은 책들을 많이 읽어보았다. 그중에서도 엘리자베스 퀴블러 로스의 『죽음과 죽어감』은 특히 인상적이었다. 그 당시 내가 품었던 의문들이 책에 전부 쓰여 있었다. 『죽음 카탈로그』는 『죽음과 죽어감』의 프롤로그에 있는 내용을 현미경으로 확대하고 그림을 더해 완성한 책이라고 할 수 있다.

죽음을 다루는 책이나 TV 프로는 많다. 그러나 하나같이 심각한 얼굴이라서 책장을 덮었을 때나 프로가 끝났을 때 '죽음은 심각한 일'이라는 인상만 남는다. 죽음이란 게 절대 즐거운 일은 아니지만 죽음에 대해 생각한다고 해서 꼭 심각한 얼굴을 할 필요는 없지 않을까. 그냥 편하게 읽을 수 있는 '죽음에 관한 책'을 만들고 싶었다.

죽음에는 자신이 모르는 의미와 다양한 해석들이 있다. 애당초 명확하지 않은 죽음을 억지로 눈에 보이는 형태로 만들어도 되는 걸까. 그런 꺼림칙함이 있었다. 그래서 가능한 많은 자료를 준비해 나름대로 공부하고 해석해 그림을 만들었다.

내가 죽음에 대해서 주눅이 들어 심각해지거나 반대로 지나치게 가볍게 다루거나 할 때면 다이와쇼보의 후지사와 요코 씨가 침착하게 궤도를 수정해 주었다. 어떻게 감사하다는 말을 해야 할지 모르겠다. 마감이 1년 반이나 늦어졌는데 웃는 얼굴을 하는 사람은 많지 않다.

편집자이자 여동생인 요리후지 마키코는 제작 단계에서 방대한 양의 자료를 편집해주었고 그 외에도 많은 도움을 주었다. '가장 먼 미래의 이야기가 아닐까'라는 띠지 문구[일본어판]를 작성해준 카피라이터 오카모토 긴야. 감기에 걸려서도 밤샘을 마다 않고 디자인을 맡아 준 이타노 다쓰야. 모두 감사드린다.

문헌을 통해 많은 생각을 하게 해준, 먼저 세상을 떠난 분들께도 애도의 마음으로 깊이 감사를 드린다.

2005년 11월 요리후지 분페이

참고문헌 및 자료

죽음이란?

「『自分の死』にそなえる」近藤裕/春秋社
「死ぬ瞬間-死とその過程について」エリザベス キューブラー・ロス/中公文庫
「死、それは成長の最終段階-続 死ぬ瞬間」エリザベス キューブラー・ロス/中公文庫
「『死ぬ瞬間』と死後の生」エリザベス キューブラー・ロス/中公文庫
「人生は廻る輪のように」エリザベス キューブラー・ロス/角川文庫
「哲学のおやつ 生きると死ぬ」ブリジット ラベ/ミシェル ピュエシュ/汐文社
「かぎりなく死に近い生」荒俣 宏 (編集)/角川書店
「在宅死の時代-近代日本のターミナルケア」新村拓/法政大学出版局
「死因事典 人はどのように死んでいくのか」東嶋和子/講談社ブルーバックス
「死と唯物論」河野 勝彦/青木書店・シリーズ「現代批判の哲学」
「死にゆく者からの言葉」鈴木秀子/文春文庫
「死ぬ確率」長寿健康研究会/エクスナレッジ
「死の壁」養老孟司/新潮新書
「死を前にした人間」フィリップ・アリエス/みすず書房
「われわれはなぜ死ぬのか-死の生命科学」柳澤桂子/草思社

죽음의 모습

「アイヌ、神々と生きる人々」藤村久和/福武書店
「古事記の読み方」坂本勝/岩波書店
「古代エジプト人の世界」村治笙子/岩波新書
「三万年の死の教え-チベット『死者の書』の世界」中沢新一/角川ソフィア文庫
「地獄」草野巧/新紀元社
「死者の救済史-供養と憑依の宗教学」池上良正/角川選書
「自然の教科書 - ネイティブ・アメリカンのものの見方と考え方」パディラ, スタン (編・画)/マーブルトロン
「死の歴史」ミシェル ヴォヴェル/創元社「知の再発見」双書
「ジプシーの謎」アンリエット アセオ/創元社「知の再発見」双書
「世界の宗教」村上重良/岩波ジュニア新書
「世界の諸宗教における 死後の世界」本山博, 湯浅泰雄/宗教心理出版
「世界の葬式」松濤弘道/新潮選書
「他界観念の原始形態」棚瀬襄爾/京都大学東南アジア研究センター
「鳥葬の国-秘境ヒマラヤ探検記」川喜田二郎 講談社學術文庫
「日本人の『あの世』観」梅原猛/中公文庫
「バロマ トロブリアンド諸島の呪術と 死霊信仰」マリノウスキー/未來社
「仏教・キリスト教 死に方・生き方」玄侑 宗久, 鈴木 秀子 講談社「+ α新書」
「北欧神話の世界」アクセル オルリック/青土社

죽음 스토리

「カルテ拝見 武将の死因」杉浦守邦/東山書房

「カルテ拝見 文人の死因」杉浦守邦/東山書房

「世界の有名人、最期の言葉」レイ ロビンソン (編集)/ヴィレッジブックス

「知識人99人の死に方」荒俣 宏 (監修)/角川ソフィア文庫

「人間臨終図巻 1」山田風太郎/徳間文庫

「人間臨終図巻 2」山田風太郎/徳間文庫

「人間臨終図巻 3」山田風太郎/徳間文庫

「ブッダの生涯」安田治樹 著・大村次郎 写真/河出文庫

죽음에 관한 자료

「学校の管理下の死亡・障害事例と事故防止の留意点」日本スポーツ振興センター安全部/日本スポーツ振興センター

「交通事故死と家庭における不慮の事故死の年次推移 第49巻第16号」厚生統計協會/厚生統計協會「厚生の指標・臨時増刊」

「交通統計」(平成14年24時間死者の数値を参照) 警察庁交通局

「データブックオブザワールド2004年版」二宮書店

「人口動態統計の國際比較 人口動態統計特殊報告」厚生勞動省大臣官房統計情報部/厚生統計協會

「平成17年わが國の人口動態・平成15年までの動向」厚生勞動省大臣官房統計情報部/厚生統計協會

「平成16年わが國の保險統計」厚生勞動省大臣官房統計情報部/厚生統計協會

「平成16年警察白書」警察庁

「平成16年における死亡災害・重大災害發生狀況の槪要」厚生勞動省報道資料

「平成16年度鐵道事故等の發生狀況について」國土交通省鐵道局技術企劃課安全對策室

「平成16年における火災の狀況」總務省消防庁

「航空事故調査報告書」(平成16年の数値を参照)國土交通省航空局

「平成16年における山岳遭難の槪況」警察庁生活安全局地域課

「平成16年における水難の槪況」警察庁生活安全局地域課

「平成15年人口動態統計」厚生勞動省大臣官房統計情報部

「平成15年簡易生命表」厚生勞動省大臣官房統計情報部編/厚生統計協會

「平成13年兒童福祉施設等が設置する道具で發生した事故調べ」厚生勞動省雇用均等・兒童家庭局

그 외

「安楽死のできる国」三井美奈/新潮新書

「宇宙の起源」チン・ズアン・トゥアン/ 創元社「知の再発見」双書

「うらやましい死にかた」五木寛之 編/文藝春秋

「現代の戦争報道」門奈直樹/岩波新書

「殺人率 - 日本人は殺人ができない」宮崎学・大谷昭宏/太田出版

「死亡記事を読む」諸岡達一/新潮新書

「メディア・リテラシー」菅谷明子/岩波新書

「お葬式・臨終から納骨、法要まで」碇文谷創/小学館

「老化と寿命のしくみ」米井嘉一/日本実業出版社

SHINI CATALOGUE by Bunpei Yorifuji
Copyright © 2005 by Bunpei Yorifuji
All rights reserved.
Original Japanese edition published by DAIWASHOBO, Tokyo.
This Korean language edition is published by arrangement with DAIWASHOBO, Tokyo in
care of Tuttle-Mori Agency, Inc., Tokyo through IMPRIMA KOREA AGENCY, Seoul.

이 책의 한국어판 저작권은 Tuttle-Mori Agency, Inc., Tokyo 와 Imprima Korea Agency를 통해
DAIWASHOBO와의 독점계약으로 푸른커뮤니케이션에 있습니다.
저작권법에 의해 한국 내에서 보호를 받는 저작물이므로 무단전재와 무단복제를 금합니다.

죽음 카탈로그

초판 1쇄 발행 | 2018년 7월 10일

지은이 | 요리후지 분페이(寄藤文平)
옮긴이 | 홍성민
펴낸이 | 이은성
편   집 | 백수연
디자인 | 방유선
펴낸곳 | 필로소픽

주   소 | 서울시 동작구 상도동 206 가동 1층
전   화 | (02)883-9774
팩   스 | (02)883-3496
이메일 | philosophik@hanmail.net
등록번호 | 제379-2006-000010호

ISBN 979-11-5783-110-4 02830

필로소픽은 푸른커뮤니케이션의 출판 브랜드입니다.
이 도서의 국립중앙도서관 출판시도서목록(CIP)은 서지정보유통지원시스템(http://seoji.nl.go.kr)과
국가자료공동목록시스템(http://www.nl.go.kr/kolisnet)에서 이용하실 수 있습니다.
(CIP제어번호: CIP2018014647)